DOKÉO

NATHAN

Direction de la publication : Dominique Korach
Direction éditoriale : Céline Charvet
Direction artistique : Jean-François Saada et Frank Sérac
Conception graphique : Jean-François Saada
Édition : Marie Baird-Smith, Cécile Jugla, Ariane Léandri
Maquette : Frédéric Célestin, Chantal Fredet, Geneviève Pannetier, Colin Phu
Recherche iconographique : Nadine Gudimard,
Maryse Hubert, Gaëlle Mary, Christine Morel
Fabrication : Jacques Lannoy
Photogravure : Passport

AUTEUR

Philippe Dubois

ILLUSTRATEURS

Art Presse
Denise Bazin
Christophe Blain
Ludovic Debeurme
Emmanuelle Étienne
William Fraschini
Philippe Gauckler
Jean-Jacques Hatton
Emmanuel Kerner
Olivier Nadel
Bruno Salamone
Michael Welply
Anne Wilsdorf

ISBN : 209 277003-9

SOMMAIRE

Les débuts de la vie

La Terre ne s'est pas faite en un jour ! Il lui a fallu beaucoup de temps et de multiples transformations pour permettre à la vie d'émerger. Une sacrée aventure…

- 4 500 MA* :
la Terre se forme à partir d'un nuage de gaz et de poussières d'étoiles qui circulent dans l'Univers. Aussitôt, cette boule de lave est bombardée par des météorites et soumise à une extrême chaleur.

Question

QUELLE EST L'ORIGINE DE LA VIE ?

Cette question reste au cœur des débats scientifiques. Pour certains, les molécules qui sont à l'origine de la vie seraient venues de l'espace, transportées par les météorites qui bombardaient la Terre. Pour d'autres, c'est dans les mers que se seraient produites les premières réactions chimiques permettant l'émergence de la vie… Mais ces deux hypothèses sont peut-être complémentaires.

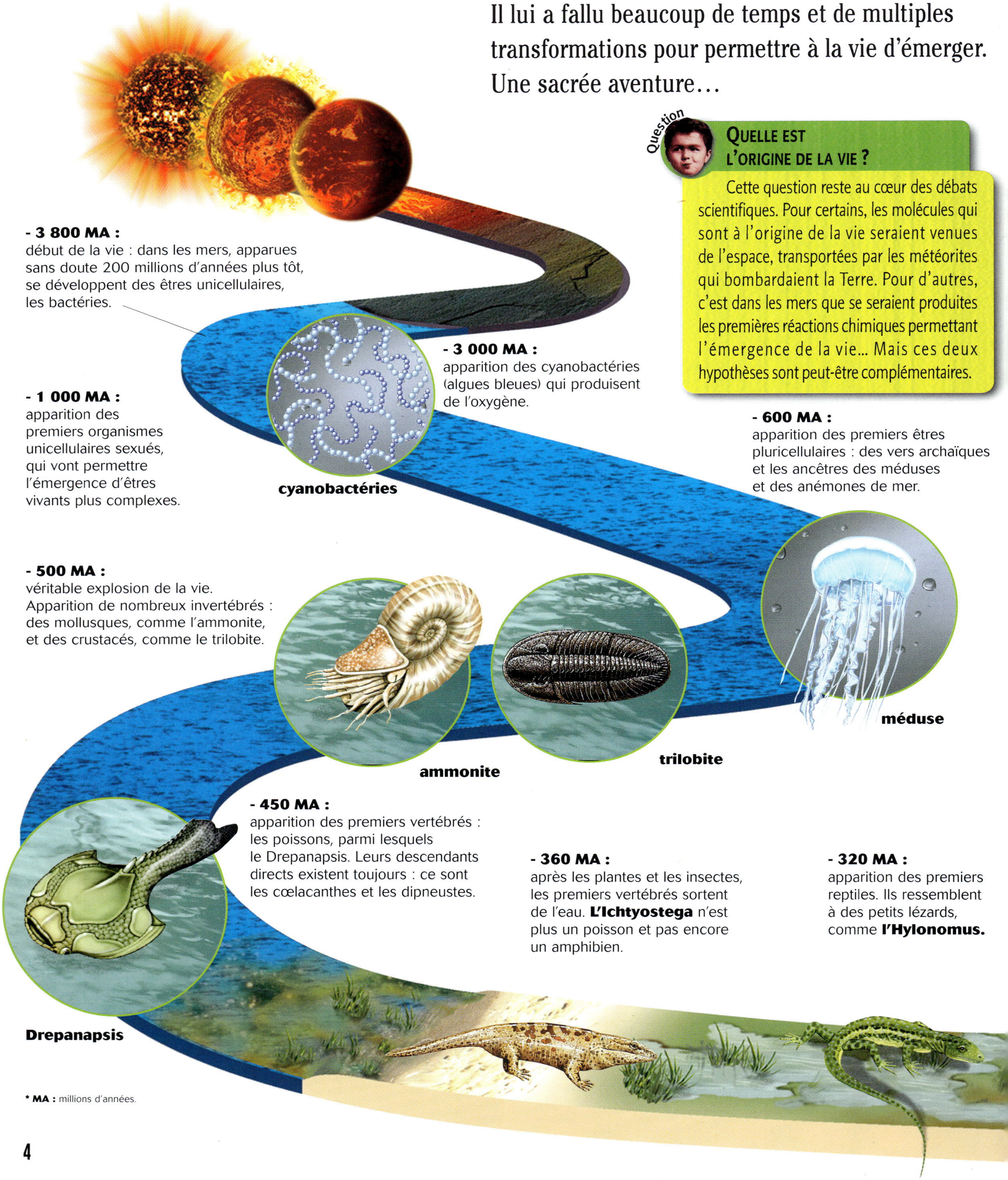

- 3 800 MA :
début de la vie : dans les mers, apparues sans doute 200 millions d'années plus tôt, se développent des êtres unicellulaires, les bactéries.

- 3 000 MA :
apparition des cyanobactéries (algues bleues) qui produisent de l'oxygène.

- 1 000 MA :
apparition des premiers organismes unicellulaires sexués, qui vont permettre l'émergence d'êtres vivants plus complexes.

- 600 MA :
apparition des premiers êtres pluricellulaires : des vers archaïques et les ancêtres des méduses et des anémones de mer.

- 500 MA :
véritable explosion de la vie. Apparition de nombreux invertébrés : des mollusques, comme l'ammonite, et des crustacés, comme le trilobite.

- 450 MA :
apparition des premiers vertébrés : les poissons, parmi lesquels le Drepanapsis. Leurs descendants directs existent toujours : ce sont les cœlacanthes et les dipneustes.

- 360 MA :
après les plantes et les insectes, les premiers vertébrés sortent de l'eau. **L'Ichtyostega** n'est plus un poisson et pas encore un amphibien.

- 320 MA :
apparition des premiers reptiles. Ils ressemblent à des petits lézards, comme **l'Hylonomus.**

* **MA :** millions d'années.

Les dinosaures

Les dinosaures sont des reptiles qui pondent des œufs.
Au cours de leur règne, les trois périodes de l'ère secondaire (Trias, Jurassique, Crétacé), ils se sont multipliés et diversifiés. Ils peuvent être herbivores ou carnivores, bipèdes ou quadrupèdes, vivre en groupes ou chasser en solitaires.

- 225 MA :
les premiers dinosaures sont petits et carnivores, armés de griffes et de dents redoutables. **L'Eoraptor** mesure 1,20 m.

- 170 MA :
à cette époque, la végétation luxuriante permet l'apparition de gigantesques dinosaures herbivores aux longs cous, comme **le Cetiosaurus.**

- 80 MA :
apparition des **tyrannosaures :** ces carnivores ne vivront que 5 millions d'années.

- 65 MA :
extinction des dinosaures.

Trias : - 245 MA /- 200 MA **Jurassique : - 200 MA / - 145 MA** **Crétacé : - 145 MA / - 65 MA**

Une grande famille

800 : c'est le nombre de dinosaures connus. Voici une sélection des plus étonnants !

Parasaurolophus
- Amérique du Nord
- Crétacé supérieur
- Herbivore
- 10 m de long ; 5 tonnes

Dinosaure dit « à bec de canard ».

Iguanodon
- États-Unis, Europe, Mongolie
- Crétacé inférieur
- Herbivore
- 9 m de long ; 4 à 5 tonnes

Deinonychus
- Ouest des États-Unis
- Crétacé inférieur
- Carnivore
- 3 à 4 m de long ; 50 à 70 kg

Il a une griffe acérée aux pattes arrière.

Ouranosaurus
- Niger
- Crétacé inférieur
- Herbivore
- 9 m de long ; 2 tonnes

Sa crête dorsale régule la température de son corps.

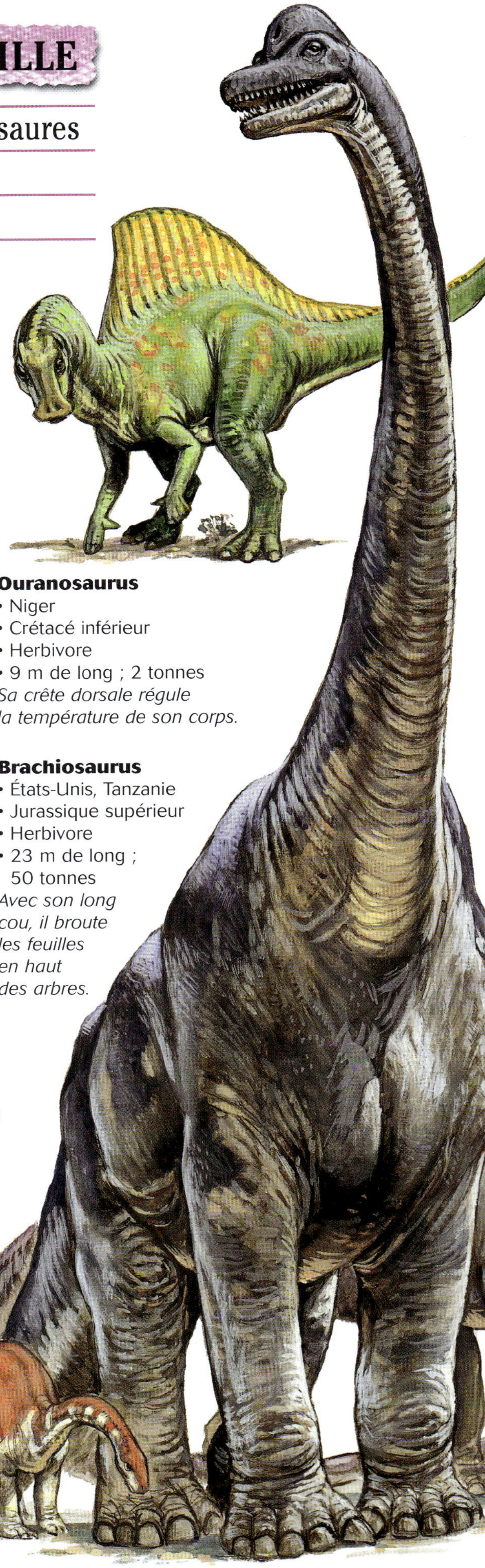

Brachiosaurus
- États-Unis, Tanzanie
- Jurassique supérieur
- Herbivore
- 23 m de long ; 50 tonnes

Avec son long cou, il broute les feuilles en haut des arbres.

Triceratops
- Amérique du Nord
- Crétacé supérieur
- Herbivore
- 9 m de long ; 6 tonnes

Protoceratops
- Mongolie, Chine
- Crétacé supérieur
- Herbivore
- 2,7 m de long ; 177 kg

Herrerasaurus
- Amérique du Sud
- Trias supérieur
- Carnivore
- 3 m de long ; 300 kg

L'un des tout premiers dinosaures.

Dromaeosaurus
- Canada
- Crétacé supérieur
- Carnivore
- 1,80 m de long ; 15 kg

Velociraptor
- Chine, Mongolie
- Crétacé supérieur
- Carnivore
- 1,80 m de long ; 15 kg

Plateosaurus
- Europe • Trias supérieur
- Herbivore • 7 m de long ; 4 tonnes

L'un des premiers dinosaures de grande taille.

Compsognathus
- Europe
- Jurassique supérieur
- Carnivore
- 60 cm de long ; 2 à 3 kg

L'un des plus petits dinosaures.

Stegosaurus
- Amérique du Nord
- Jurassique supérieur
- Herbivore
- 9 m de long ; 2 tonnes

Ses armes : un dos couvert de plaques osseuses et de gros piquants sur la queue.

Edmontosaurus
- Amérique du Nord, Asie
- Crétacé supérieur
- Herbivore
- 13 m de long ; 3,5 tonnes

Avec son bec de canard, il pousse de terribles beuglements !

Diplodocus
- Amérique du Nord
- Jurassique supérieur
- Herbivore
- 27 m de long ; 10 tonnes

Sa longue queue lui sert de fouet.

Apatosaurus
- Amérique du Nord
- Jurassique supérieur
- 26 m de long ; 20 tonnes

Appelé aussi Brontosaurus. Ses pattes ressemblent à celles des éléphants actuels.

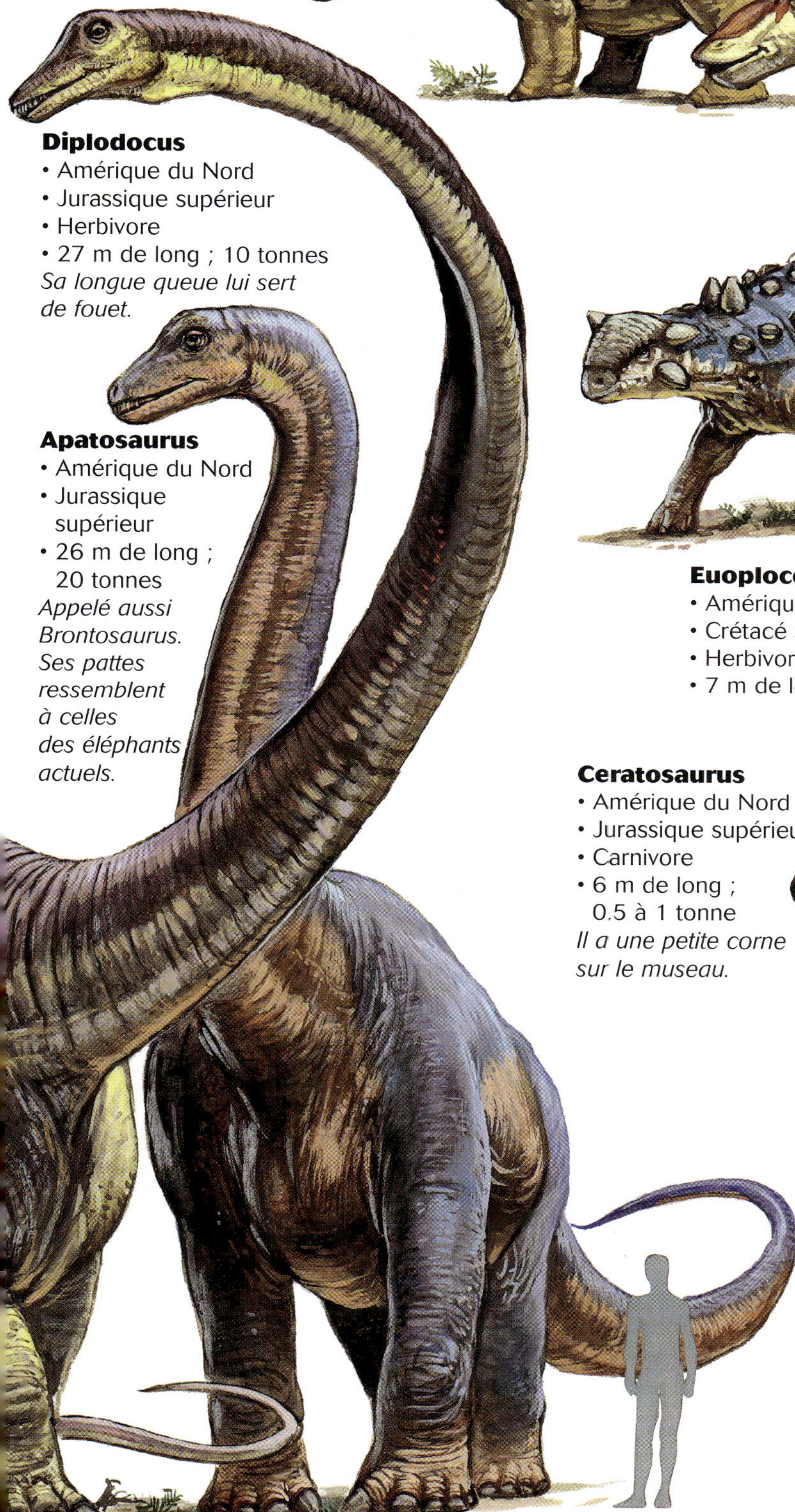

Euoplocephalus
- Amérique du Nord
- Crétacé supérieur
- Herbivore
- 7 m de long ; 2 tonnes

Tyrannosaurus rex
- Amérique du Nord
- Crétacé supérieur
- Carnivore
- 15 m de long ; 7 tonnes

Ceratosaurus
- Amérique du Nord
- Jurassique supérieur
- Carnivore
- 6 m de long ; 0.5 à 1 tonne

Il a une petite corne sur le museau.

Pachycephalosaurus
- Amérique du Nord
- Crétacé supérieur
- Herbivore
- 4 m de long ; 1 à 2 tonnes

Maiasaura
- Amérique du Nord
- Crétacé supérieur
- Herbivore
- 9 m de long ; 2 à 3 tonnes

Plutôt grand, le petit !

La découverte de nids de Maiasaura nous a appris que les jeunes avaient une croissance très rapide.

1. À la naissance : 0,50 m.
2. À 1 mois : 1 m.
3. De 1 à 2 ans : plus de 3 m.
4. Entre 6 et 8 ans (adulte) : 9 m.

À la fin du Crétacé

À cette époque, les continents se sont séparés et ont à peu près la même position qu'aujourd'hui. En Amérique du Nord, de paisibles herbivores cohabitent avec un terrible prédateur, le fameux Tyrannosaurus rex !

Maiasaura
Son nom latin signifie « bonne mère lézard ». La femelle Maiasaura fait un nid en forme de cuvette dans lequel elle pond 10 à 20 œufs. Elle s'occupe de ses petits et les nourrit de feuilles et de tiges coupées avec son bec de canard. Comme les oiseaux de mer actuels, les femelles nichent peut-être en colonies.

Struthiomimus
Son nom latin signifie « semblable à l'autruche ». Grâce à ses longues pattes arrière, ce dinosaure mesurant 3,5 m de long peut courir très vite (60 km/h) et échapper au Tyrannosaurus rex. Quand le troupeau se repose, un animal reste toujours aux aguets.

Triceratops
Son nom latin signifie « visage à trois cornes ». Face au puissant Tyrannosaurus rex, le Triceratops n'a que ses cornes acérées pour se défendre, car ses 6 tonnes l'empêchent de fuir. Il passe sans doute beaucoup de temps à manger des fougères et des arbustes avec ses dents broyeuses.

Avec les plantes à fleurs apparaissent des insectes pollinisateurs comme **ces abeilles Trigona.**

La végétation

Les plantes à fleurs, dont les premières sont les magnolias, apparaissent au Crétacé il y a environ 100 millions d'années. Elles vont peu à peu devenir plus importantes que les arbres – cycas et ginkgos – qui régnaient jusqu'alors. Des fougères poussent au sol. Les herbes apparaîtront longtemps après l'extinction des dinosaures.

Des herbivores bien armés

L'Ankylosaurus : des plaques osseuses, des pointes, des cornes et une queue terminée par une massue.

Le Styracosaurus : une collerette protectrice hérissée de longues épines.

Quetzalcoatlus
Avec son envergure de 12 m, ce reptile est le plus grand animal volant ayant jamais existé.

Tyrannosaurus rex
Son nom latin signifie « reptile tyran roi ». Avec ses 15 m de long et ses 6 m de haut, il a longtemps été considéré comme le plus grand carnivore de tous les temps. Mais on a retrouvé des dinosaures carnivores plus grands que lui. Ce chasseur solitaire, qui ne poursuit pas ses proies sur de longues distances, est sûrement aussi charognard. Il broie les os et arrache la chair de ses victimes avec ses dents longues de 20 cm.

Le climat

Il y a 100 millions d'années, il est chaud, proche de celui de la savane africaine actuelle. Après cette date, les températures baissent, et la fin du Crétacé est marquée par un très net refroidissement. Des différences de saisons apparaissent.

Pachycephalosaurus
Son nom latin signifie « lézard à tête épaisse ». Les mâles se combattent en heurtant la calotte osseuse qui surmonte leur tête. Le vainqueur obtient le droit de s'accoupler avec les femelles du troupeau et de régner sur le groupe.

Dans les mers

Ce reptile marin, l'Elasmosaurus, mesure 13 m : c'est le plus long des plésiosaures. Il vit près des côtes d'Amérique du Nord. Grâce à son long cou, il attrape des petits poissons.

La chasse aux dinosaures

Fossile : mode d'emploi

Entraîné au fond d'une rivière, d'un lac ou de la mer, le cadavre d'un dinosaure a pu être conservé : il s'est fossilisé. Ce sont ces fossiles que traquent les paléontologues.

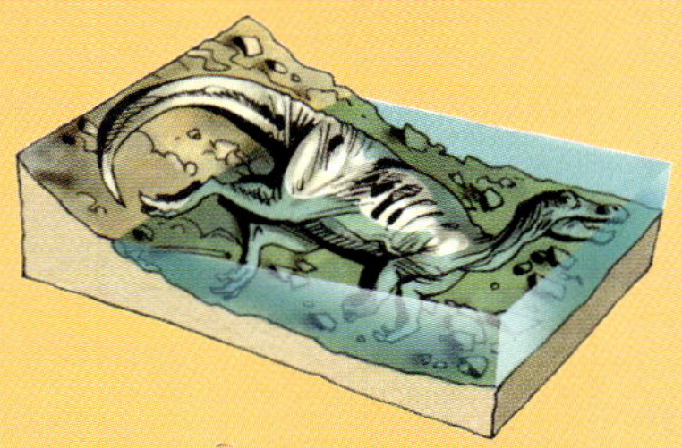

1 Au fond de l'eau, le corps est recouvert de sédiments : de la boue ou du sable. Les chairs se décomposent.

2 La couche de sédiments qui entoure l'animal durcit. Les os se transforment et deviennent peu à peu durs comme de la roche.

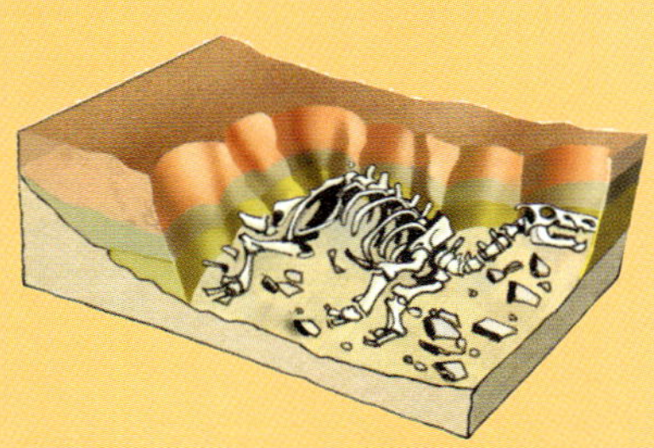

3 Le mouvement de l'écorce terrestre ou l'érosion des sols peuvent faire émerger le fossile à l'air libre.

Des fossiles de dinosaures ont été mis à jour sur tous les continents et dans les mers.

Encore des mystères...
Étudiés par les paléontologues, les spécialistes des êtres vivants de la Préhistoire, ces fossiles nous permettent d'en savoir toujours plus sur les dinosaures. Mais il reste beaucoup de mystères à éclaircir...

Localisation des fossiles
On a retrouvé des fossiles partout sur la Terre. La Mongolie, les États-Unis et la Chine sont de véritables « gisements de dinosaures ». Des découvertes récentes ont même été faites dans l'Antarctique.

- Trias
- Jurassique
- Crétacé

Sang chaud ou froid ?
En 1993, le squelette d'un Thescelosaurus est exhumé aux États-Unis. Surprise : l'animal possède encore son cœur fossilisé ! Après examen, on s'aperçoit que celui-ci peut pomper le sang comme le cœur des animaux à sang chaud. Mais d'autres découvertes attestent que les dinosaures étaient à sang froid. Qui a raison ? La question reste entière !

MÉTIER

Paléontologue

Après des études de sciences naturelles, je me suis spécialisé en paléontologie. Je travaille à la fois sur le terrain et en laboratoire. Sur un site, avec une équipe de géologues et de techniciens, nous analysons d'abord le sol, car seuls certains types de roches recèlent des fossiles. Quand nous avons la chance de trouver un squelette, nous l'envoyons au laboratoire. Commence alors pour nous le lent et passionnant travail d'identification et de reconstitution.

Du dinosaure à l'oiseau...

L'oiseau serait un dinosaure qui aurait pris son envol. Certaines similitudes de squelettes le prouvent.

- os de l'épaule et du bassin
- os du bras
- os de l'avant-bras
- os de la main

Compsognathus : un dinosaure du Jurassique aux os creux comme les oiseaux.

Archaeopteryx : il a des plumes et des dents, et est capable de voler. Il fait le lien entre les dinosaures et les oiseaux.

Pigeon : il a, entre autres, gardé les griffes de ses ancêtres.

Toutes sortes de fossiles !

La variété des fossiles permet de mieux connaître la morphologie et le mode de vie des dinosaures.

des coprolithes ou excréments : pour connaître leur alimentation.

des gastrolithes : pour connaître leur alimentation. Ces pierres contenues dans l'estomac de certains dinosaures servaient à broyer les aliments.

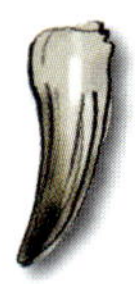

des dents : pour connaître leur alimentation.

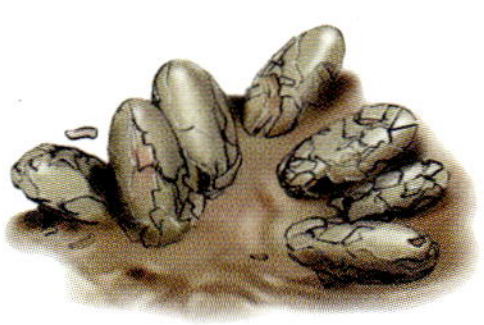

des œufs : pour connaître leur mode de reproduction.

des empreintes de pas : pour connaître leur allure.

À la Une

journal à parution quotidienne

PRIX FRANCE MÉTROPOLITAINE : 1

Surprenante découverte !

En 1824, W. Buckland, géologue anglais, étudie les os d'un grand reptile, exhumés en 1815. Il le baptise **Megalosaurus**, ce qui signifie lézard énorme. En 1825, G. Mantell, médecin anglais, découvre les dents d'un autre gros reptile qu'il nomme **Iguanodon.** En 1842, R. Owen, anatomiste anglais, provoque une révolution. Pour lui, l'Iguanodon et le Megalosaurus ne sont pas des reptiles comme les autres, mais **des dinosaures,** terme qu'il invente pour les désigner. Cette association de deux mots grecs *deinos* et *sauros* signifie « terrible lézard » !

Richard Owen

Sur le terrain

Voici une équipe de « chasseurs de dinosaures ». Après avoir sondé le sol à l'œil nu ou à l'aide de radars, ils ont réussi à détecter les traces d'un squelette. Le travail commence...

1re étape : dégager les os
Pour ce travail minutieux, on utilise des petits marteaux, des ciseaux à pierre, des curettes et des pinceaux. Si la roche est trop dure, un marteau-piqueur peut être nécessaire.

2e étape : préparation au transport
Avant l'envoi au laboratoire, on photographie la position des os qu'on numérote. Puis on les entoure d'une couche de plâtre protectrice. Des morceaux de roche sont parfois laissés autour des os. Leur analyse peut révéler des informations sur les tissus non osseux du dinosaure.

Ils ont disparu

Il y a 65 millions d'années, tous les dinosaures disparaissent de la surface de la Terre. Si cette extinction reste encore une énigme, trois hypothèses sont avancées...

HYPOTHÈSE 1 : éruptions volcaniques.
Elles auraient eu lieu pendant près de 500 000 ans en Inde. L'accumulation de cendres dans l'atmosphère aurait modifié le climat, et l'air serait devenu irrespirable à cause des gaz toxiques.

HYPOTHÈSE 2 : météorite(s).
Une météorite de 10 km de diamètre, voire plusieurs, aurait heurté la Terre. Conséquences : des raz-de-marée et surtout un énorme nuage de poussières, qui aurait occulté les rayons du Soleil et entraîné une chute des températures. Un indice : la découverte en 1990 au Mexique d'un cratère de 200 km creusé par une météorite il y a des millions d'années.

HYPOTHÈSE 3 : refroidissement du climat.
La séparation de l'Antarctique et de l'Australie aurait refroidi les eaux chaudes, provoquant un bouleversement du climat avec des différences de températures très importantes sur les continents. Cette hypothèse est sans doute la moins plausible.

Ils ont survécu

C'est le cas de certains reptiles (crocodiles, lézards et tortues), amphibiens, oiseaux et mammifères !

Le Deinosuchus, un énorme crocodile, vivait au Crétacé.

Le Diatryma est un oiseau haut de 2,10 m. Il vivait il y a 60 millions d'années.

Le Megazostrodon, le plus vieux mammifère connu, vivait en Afrique il y a 220 millions d'années.

Pour finir...

À voir

Jurassic Park
de Steven Spielberg (1993)

Sur la Terre des dinosaures
BBC / France 3 vidéo, de Tim Haines (2000)

À lire

Le monde perdu
coll. Folio Junior, Gallimard, de Sir Arthur Conan Doyle

Dinosaures, les seigneurs de la Terre
Nathan, de Paul Barrett et José Luis Sanz

À visiter

Galerie de Paléontologie du Muséum national d'histoire naturelle
57, rue Cuvier – 75005 Paris

La plaine des dinosaures
113, route nationale 113
34140 Mèze

Les mammifères

Qui sont-ils ?

Des mammifères étonnants

Les loups

Les félins

Les ours

Les singes

Les mammifères sont apparus il y a 220 millions d'années. Alors nocturnes et de petite taille, ils vivent dans l'ombre des dinosaures. Quand ces derniers disparaissent, ils se diversifient en de nombreuses familles et deviennent à leur tour les maîtres du monde animal.

Chronologie d'apparition sur scène :

- 65 MA* : apparition des premiers carnivores.

- 58 MA : apparition des ancêtres des chauves-souris.

- 55 MA : apparition des ancêtres des chevaux.

- 51 MA : apparition des ancêtres marins des baleines.

- 46 MA : apparition des ancêtres des éléphants.

- 42 MA : apparition des ancêtres des singes (et de l'homme !).

*** MA :** millions d'années.

Il était une fois le lion...

Le Patriofelis est l'ancêtre des carnivores. Mais les premiers vrais félins apparaissent il y a 20 millions d'années. Ils sont « équipés pour tuer » : les crocs acérés du Smilodon, un tigre à dents de sabre apparu il y a 5 millions d'années, sont redoutables.

Patriofelis

Smilodon

Lion

Il était une fois le cheval...

Le premier « cheval » connu, l'Hyracotherium, n'est pas plus gros qu'un chien, il a 4 doigts aux pattes avant et 3 aux pattes arrière. 30 millions d'années plus tard, le Merychippus a grandi, ses pattes se sont allongées, il a encore 3 doigts, mais celui du milieu ressemble aux sabots des chevaux actuels.

Hyracotherium

Merychippus

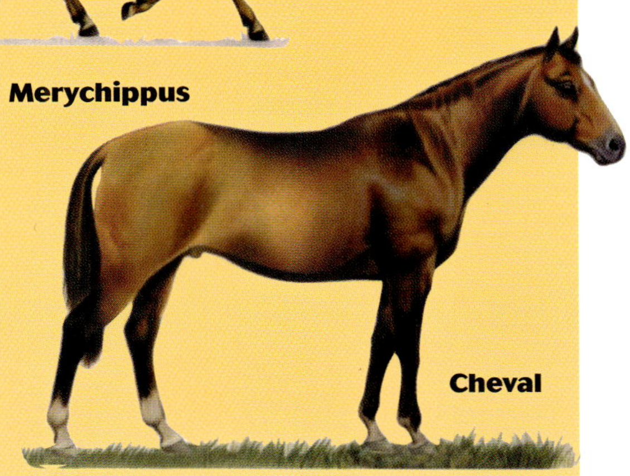

Cheval

Il était une fois l'éléphant...

Les premiers ancêtres des éléphants ne sont pas plus gros qu'un sanglier. Puis les espèces évoluent : elles grandissent, la trompe s'allonge et les défenses poussent.

Moeritherium

Trilophodon

Éléphant

L'échidné d'Australie est l'un des rares mammifères qui pond des œufs.
Ordre : Monotrèmes

Grand mangeur d'eucalyptus, **le koala** passe sa vie dans les arbres.
Ordre : Marsupiaux

La roussette est la géante des chauves-souris : elle a une envergure de 1,50 m.
Ordre : Chiroptères

L'homme est – paraît-il ! – le plus évolué des mammifères…
Ordre : Primates

QUI SONT-ILS ?

4 655 espèces de mammifères vivent sur la Terre, dans le ciel et les mers. Ces vertébrés sont considérés comme les plus évolués de tous les animaux. En raison de leur diversité, ils sont répartis en différents ordres. Ils ont cependant beaucoup de caractères communs.

Pas facile de commencer sa vie après une chute de 2 m de haut !
C'est ce qui arrive pourtant au bébé girafe dont la mère accouche… debout.
À peine est-il né que la girafe lèche son petit, l'aide à se lever, puis l'allaite.

Le gorille est l'un des plus proches parents de l'homme.
Ordre : Primates

Ce lémur malgache, **l'aye-aye,** attrape les insectes avec son long pouce préhensile.
Ordre : Primates

À gestation variable

La plupart des mammifères sont placentaires : les petits se développent dans le ventre de leur mère en se nourrissant par le placenta. La durée de gestation varie selon les espèces.

Durées de gestation :
Lapin : 30 jours
Chat : 60 jours
Chien : 63 jours
Gazelle : 160 jours
Homme : 270 jours
Vache : 280 jours
Girafe : 440-460 jours
Éléphant : 600-660 jours

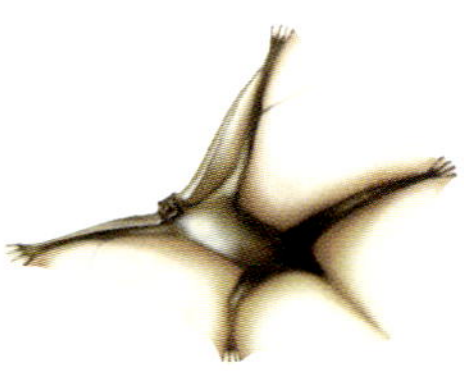

Le galéopithèque vole entre les arbres grâce à la membrane qui relie ses quatre membres.
Ordre : Dermoptères

Du lait et des soins

Les mammifères nourrissent leurs petits avec le lait coulant de leurs mamelles dès leur naissance. Ils leur fournissent aussi des soins, et ceci parfois pendant plusieurs années pour certains singes.

La musaraigne mange plus que son propre poids chaque jour.
Ordre : Insectivores

Le zèbre vit en troupeaux dans la savane africaine. À chaque espèce ses zébrures !
Ordre : Périssodactyles

Surnommé « vache marine », **le lamantin** est un herbivore qui vit dans les mers.
Ordre : Siréniens

Le grand fourmilier n'a pas de dents : il attrape les fourmis avec sa langue longue de 1 m !
Ordre : Xénarthres

Herbivore, **le lapin de garenne** a des incisives et des molaires qui poussent sans cesse.
Ordre : Lagomorphes

Dans les rivières, **le castor** bâtit des huttes avec des branches et de la boue.
Ordre : Rongeurs

Des « pieds » multifonctions

En fonction de la nature du sol sur lequel ils se déplacent, mais aussi selon leur régime alimentaire, les mammifères ont des doigts, des griffes ou des sabots.

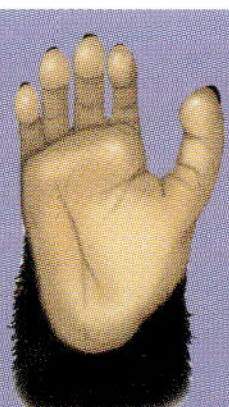

... des doigts, pour saisir et accomplir des gestes précis, se suspendre et se déplacer dans les arbres.

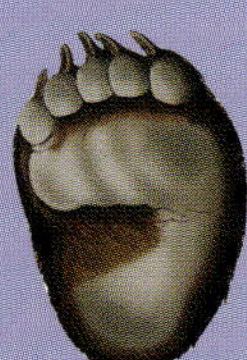

... des griffes, pour attraper, maintenir et dépecer les proies ou grimper aux arbres.

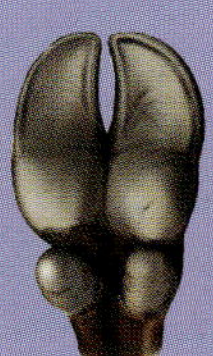

... des sabots, pour marcher longtemps sur des terrains accidentés ou mouvants.

Les bœufs musqués supportent les grands froids arctiques.

À sang chaud

Qu'il fasse froid ou chaud dehors, les mammifères ont une température constante. On dit que ce sont des animaux à sang chaud ou homéothermes. Cette particularité leur permet de supporter tous les climats. Un inconvénient : ils dépensent beaucoup d'énergie et ont besoin de manger davantage que les reptiles à sang froid.

Au Sahara, **la gerboise** enfouie dans son terrier résiste à la chaleur.

Le serval est un grand chat, proche du lynx. Il vit en Afrique. et est surtout nocturne.
Ordre : Carnivores

L'hermine mange de tout : lapins, oiseaux, campagnols...
Ordre : Carnivores

Le morse fouille la vase avec ses défenses pour trouver des mollusques.
Ordre : Pinnipèdes

Poilus !

La plupart des mammifères ont la peau couverte de poils. Cette couverture leur sert d'isolant thermique. Mais certains animaux, tel l'hippopotame, en sont presque dépourvus. D'autres ont des écailles, comme le pangolin, ou des piquants, comme le hérisson.

tigre **vache** **orang-outan** **zèbre**

L'orque est le plus rapide des mammifères marins : 56 km/h.
Ordre : Cétacés

Qui pourrait penser que ce petit animal, **le daman,** est le plus proche parent de l'éléphant ?
Ordre : Hyracoïdes

L'éléphant d'Afrique est avec l'éléphant d'Asie le seul représentant de cet ordre.
Ordre : Proboscidiens

Le lama est utilisé comme animal de bât. Il vit dans les Andes, jusqu'à 5 000 m d'altitude.
Ordre : Artiodactyles

Des mammifères étonnants

Les chauves-souris
Ce sont les seuls mammifères capables de voler. Elles vivent et chassent souvent la nuit. Pour se repérer dans l'obscurité, elles émettent des ultrasons dont l'écho leur permet de localiser les obstacles et les proies : c'est l'écholocation. Le jour, elles dorment dans des grottes, des caves ou des arbres. Au repos, elles se suspendent la tête en bas.

Une grotte peut abriter des millions de chauves-souris.

3 chauves-souris

La vampire vit en Amérique du Sud. Elle suce le sang du bétail.

Le nez-de-cochon thaïlandais est la plus petite chauve-souris.

On peut voir **la pipistrelle** chasser en ville.

4 marsupiaux

De la taille d'un chat, **l'opossum de Virginie** habite les forêts d'Amérique.

Solitaire et craintif, **le wombat australien** vit dans un terrier.

Le diable de Tasmanie est carnivore. Il vit sur l'île de Tasmanie, en Australie.

Avec sa membrane « parachute », **le phalanger volant** fait des vols planés.

Les marsupiaux
Ils donnent naissance à des embryons qui finissent leur croissance dans la poche ventrale de leur mère.

1. **Le bébé kangourou** naît nu et aveugle. Il pèse moins de 1 gramme. Il suit le chemin de salive préparé par sa mère jusqu'à la poche marsupiale.

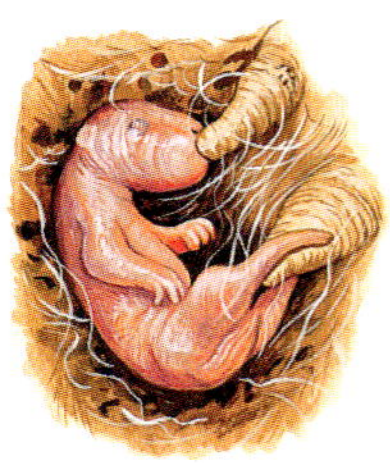

2. Là, il se fixe à la tétine pour finir sa croissance.

3. À 5 mois, le bébé kangourou passe la tête hors de la poche. À 1 an, il sort dehors, mais il peut retourner dans la poche en cas de danger ou pour téter.

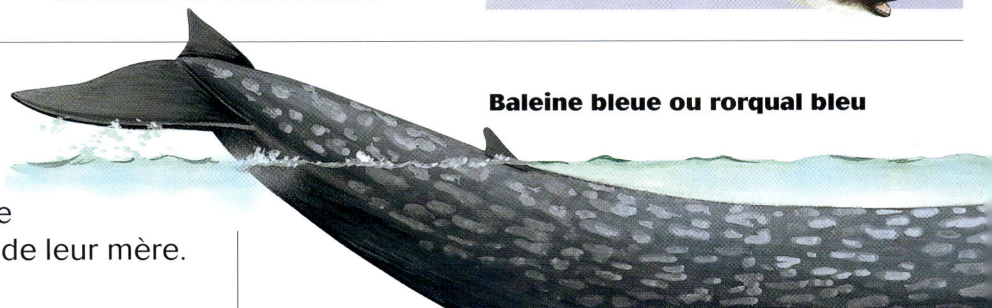
Baleine bleue ou rorqual bleu

Les monotrèmes
Représentés par l'ornithorynque australien et les échidnés d'Australie et de Nouvelle-Guinée, ce sont les seuls mammifères qui pondent des œufs.

La femelle **ornithorynque** pond 1 à 3 œufs.

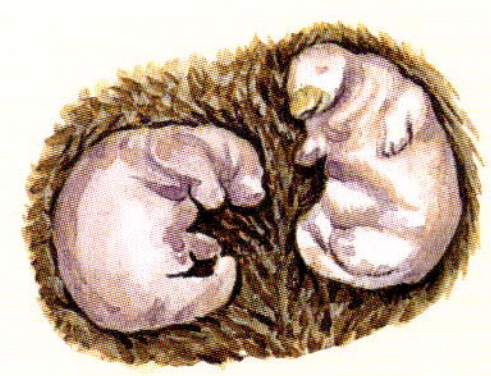
Après leur naissance, les jeunes lapent pendant 4 mois le lait qui coule de la fourrure de leur mère.

L'ornithorynque est bien équipé pour nager et chasser dans l'eau des rivières.

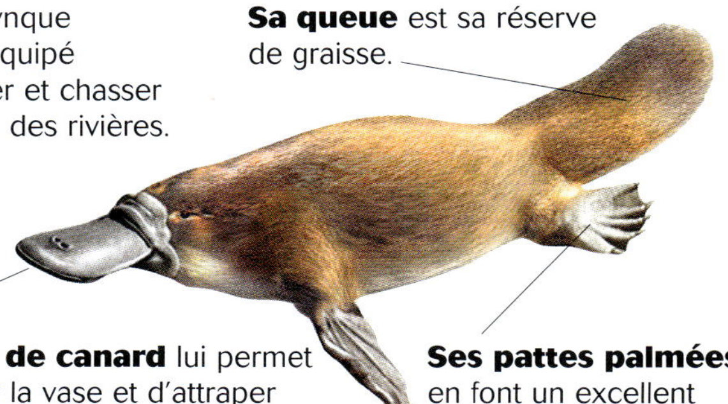
Sa queue est sa réserve de graisse.

Son bec de canard lui permet de fouiller la vase et d'attraper têtards, invertébrés et poissons.

Ses pattes palmées en font un excellent nageur.

5 cétacés

La baleine franche de Biscaye est une baleine à fanons qui peut peser 80 tonnes.

Le cachalot est le plus grand des cétacés à dents : 18 m.

Le narval mâle a une très longue dent qui lui a valu le surnom de « licorne ».

Le dauphin commun vit en bandes dans les mers tempérées et suit souvent les bateaux.

Le bélouga est tout blanc. Il vit dans les mers arctiques.

Les cétacés

Ils sont totalement adaptés à la vie aquatique. Pourtant, leurs ancêtres étaient sans doute terrestres. Aujourd'hui, ils sont représentés par les baleines à fanons, comme la baleine bleue, et les cétacés à dents, tels que les dauphins ou certaines baleines (cachalot et baleines à bec).

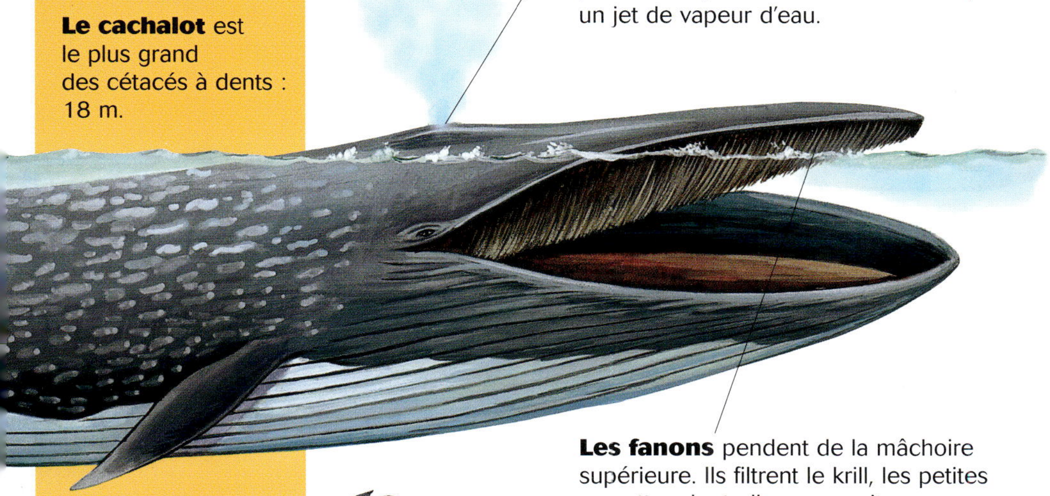

Comme tous les cétacés, la baleine bleue a une respiration pulmonaire. Avant chaque plongée, elle rejette par **l'évent,** l'orifice situé sur sa tête, un jet de vapeur d'eau.

Les fanons pendent de la mâchoire supérieure. Ils filtrent le krill, les petites crevettes dont elle se nourrit.

Les cétacés à dents se nourrissent de poissons, voire d'espèces plus grosses (requins, baleines) dans le cas de l'orque.

Les siréniens

Les trois espèces de lamantins et le dugong sont aussi des mammifères aquatiques. Ces herbivores vivent dans les eaux peu profondes des côtes et des estuaires. Ils sont aujourd'hui menacés.

dugong

Moby Dick*

Inquiétant et féroce, tel est le capitaine Achab. À la tête du Pequod, son navire baleinier, il mène ses hommes d'une main de fer. Une seule consigne pour eux : sillonner les mers du globe afin de harponner les baleines au mépris du danger. Une seule obsession pour Achab : retrouver Moby Dick, la baleine blanche qui lui a arraché une jambe, l'obligeant depuis à traîner une prothèse en ivoire. Quand sonne l'heure de la rencontre, la bataille est féroce entre Moby Dick et le capitaine... qui y perdra la vie.

*Moby Dick ou la Baleine blanche est un roman d'Hermann Melville.

LES LOUPS

Ce sont des canidés. Ils vivent en meutes dirigées par un couple de dominants. Un langage fait de postures et de gestes leur sert à exprimer leurs liens hiérarchiques.

Faim de loup

S'il peut, en période de disette, manger des baies, le loup est avant tout carnivore. Avec sa meute, qui peut compter 20 membres, il chasse les petits rongeurs, les oiseaux, les moutons et le gros gibier. Sa puissante mâchoire et ses 42 dents sont une arme efficace pour tuer et dépecer ses proies.

« Ouh, j'ai peur ! »
Le dominant, queue et oreilles dressées, montre les dents et se veut effrayant. Le dominé exprime la peur : il a les oreilles rabattues en arrière et la queue entre les pattes.

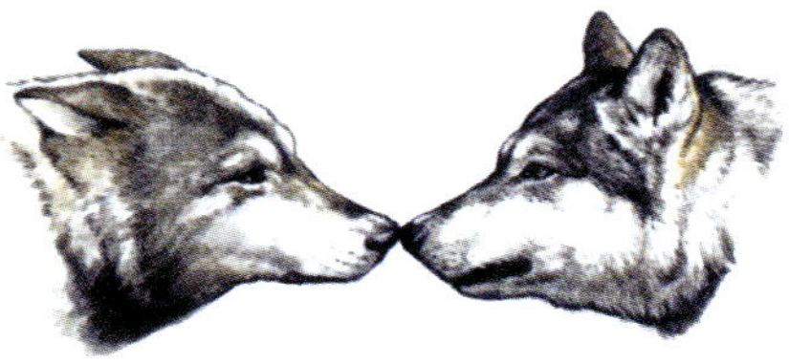

« Salut, chef ! »
Le dominé, queue basse et oreilles en arrière, renifle le museau du dominant, oreilles dressées et queue à l'horizontale.

« Je me soumets ! »
Le dominé est couché sur le dos, pattes en l'air. Il indique ainsi qu'il se rend et que le conflit est fini.

« Prêts à partir »
Les loups de la meute se frottent contre le dominant ; ils agitent leur queue et se lèchent les uns les autres.

5 autres canidés

Dans les prairies d'Amérique du Nord, **le coyote** pratique la chasse collective.

Il existe 2 espèces de **chacals** en Afrique et en Asie. Ils sont à la fois chasseurs et charognards.

Dans la savane africaine, **le lycaon** chasse en meutes gazelles ou zèbres.

Le dingo, chien sauvage d'Australie, cohabite depuis toujours avec l'homme sur ce continent.

Roi de l'adaptation, **le renard roux** vit dans les forêts et s'aventure même dans les villes.

LES FÉLINS

Ces puissants carnivores sont souvent des chasseurs solitaires qui traquent leurs proies sur une zone délimitée. Chacun a développé sa propre technique de chasse...

Le tigre est le maître de l'affût. Tapi dans la végétation, souvent près d'un point d'eau, il attend sa proie. Une fois celle-ci repérée, il lui saute dessus et évite ainsi les folles courses poursuites.

La panthère, qui peut être tachetée ou, plus rarement, noire, chasse à l'affût et bondit sur ses proies, en général de jeunes individus ou des animaux âgés. Elle n'hésite pas à grimper aux arbres, surtout pour y mettre sa nourriture à l'abri.

Chez **le lion,** ce sont les femelles qui chassent en groupes. Le mâle se contente de garder le territoire... et de venir manger le premier.

Le chat pêcheur, à l'affût, attrape des poissons, sans canne à pêche, mais d'un coup de patte très efficace.

Le guépard est capable de pointes de vitesse inégalées (jusqu'à 100 km/h), qui laissent peu de chance à ses proies. Mais comme tous les sprinters, il ne tient pas la distance !

6 autres félins

En Inde et en Afrique, **le caracal,** un lynx très agile, peut sauter sur un oiseau volant à plus de 2 m de haut.

Le jaguar est le plus grand félin d'Amérique. Il nage aussi bien qu'il grimpe aux arbres. Il se nourrit de caïmans ou de singes.

Le chat sauvage d'Europe est un peu plus gros qu'un chat domestique. Il chasse à terre rongeurs et oiseaux.

Originaire d'Amérique, **le puma,** appelé aussi couguar, vit dans les plaines comme à 5 000 m d'altitude.

La panthère des neiges ou once vit dans les montagnes de Sibérie orientale, de Chine et de l'Himalaya. Son épaisse fourrure la protège du froid.

Le jaguarondi, un chat sauvage d'Amérique du Sud, vit dans les zones buissonneuses. C'est un chasseur rapide.

Les ours

Dans la famille des ursidés, l'ours brun est parmi les plus grands... et les plus agressifs.

Maman ourse a la joie de...
Alors qu'elle hiberne dans sa tanière, l'ourse met bas 1 ou 2 jeunes. À peine gros comme des rats, ils restent là jusqu'au printemps.

Pas touche !
Gare à la mère ourse : son instinct maternel est très développé ! Si elle sent ses petits menacés, elle peut les défendre avec férocité.

Drôle de démarche
L'ours marche l'amble : il avance ensemble les deux pattes du même côté. D'où son allure lourdaude...

Balourd, l'ours ?
Pas si sûr ! Il est capable d'escalader des terrains accidentés et de grimper aux arbres avec agilité.

Proche parent des ours, **le grand panda** vit dans les montagnes de Chine. Il mange seulement des pousses de bambous qu'il mâche pendant des heures. Il est menacé, car les forêts de bambous diminuent.

7 autres ours

En Amérique du Nord, **le grizzly** est une sous-espèce de l'ours brun. Ce grand ours pêche dans les torrents.

L'ours blanc ou polaire vit sur la banquise arctique et se nourrit de phoques et de poissons.

Herbivore, **l'ours à lunettes** vit surtout dans les arbres des montagnes andines.

Appelé aussi baribal, **l'ours noir** quémande sa nourriture aux automobilistes dans les parcs américains.

L'ours lippu est un grand amateur de termites : il les attrape avec ses lèvres ! Il vit dans le sous-continent indien.

Omnivore, **l'ours malais ou des cocotiers** est le plus petit et le moins velu des ours. Il vit en Malaisie et en Indonésie.

Omnivore, **l'ours à collier** vit en Asie tempérée. Il grimpe facilement aux arbres et nage bien.

7 autres singes

Le nasique se caractérise par un nez qui, chez les vieux mâles, peut devenir très long. Il vit en bandes dans les forêts de Bornéo.

Dans la forêt amazonienne, le mâle **hurleur** pousse des cris portés par l'air sur des kilomètres à la ronde.

Le ouistiti à toupet blanc, petit singe amazonien aux oreilles en pinceaux, est très craintif.

Le mandrill, singe africain proche des babouins, a un museau bleu ciel et des fesses rouge vif.

Grâce à ses très longs membres, **le gibbon** vole de branche en branche dans les forêts asiatiques.

En Inde, **l'entelle,** considéré comme un singe sacré, se rencontre souvent autour des temples hindouistes.

L'orang-outan est un grand singe de Sumatra et Bornéo qui passe presque toute sa vie en haut des arbres.

LES SINGES

Parmi les singes, les primates supérieurs (orangs-outans, gorilles, chimpanzés...) sont les mammifères les plus évolués.

Sociaux !
Les chimpanzés, qui vivent en groupes, fabriquent et utilisent des outils. Ils communiquent par des mimiques et des cris. Les jeunes apprennent la vie sociale par le biais du jeu... Des comportements sociaux se transmettent de génération en génération.

Paroles de singes

Les chimpanzés expriment leurs émotions par des mimiques.

joueur

agressif

effrayé ou très excité

La mère chimpanzé montre à son jeune comment faire sa couche. Devenu indépendant, il saura fabriquer **son « lit »** tout seul.

Les chimpanzés passent des heures à **s'épouiller** les uns les autres. Si cette activité a une valeur hygiénique, elle sert aussi à empêcher les conflits et à renforcer les liens entre les membres du groupe.

À l'aide d'une brindille, le chimpanzé capture des termites. Afin que **son outil** soit plus efficace, il le taille patiemment.

Le chimpanzé ramasse de **la mousse :** il la presse comme une éponge pour boire l'eau dont elle est gorgée.

Pour finir...

À voir

Le peuple singe de Gérard Vienne

La griffe et la dent de François Bel et Gérard Vienne

À lire

Les mammifères coll. Les clés de la connaissance, Nathan

Croc-Blanc coll. Pleine Lune, Nathan, de Jack London

À visiter

Grande galerie de l'évolution du Muséum national d'histoire naturelle 57, rue Cuvier 75005 Paris

Zoo de La Palmyre 6, avenue de Royan 17570 La Palmyre

À chacun son bec

Les oiseaux ont des becs adaptés à leur régime alimentaire et à leur façon de chercher leur nourriture.

L'aigle royal a un bec acéré et crochu pour maintenir et déchiqueter ses proies.

Le flamant rose a un bec muni d'un filtre qui lui sert à recueillir le zooplancton dans les étangs salés.

Avec son bec retroussé vers le haut, **l'avocette** sabre l'eau pour attraper les animaux microscopiques.

Le bec-croisé a un bec dont les mandibules se croisent : efficace pour décortiquer les cônes des pins.

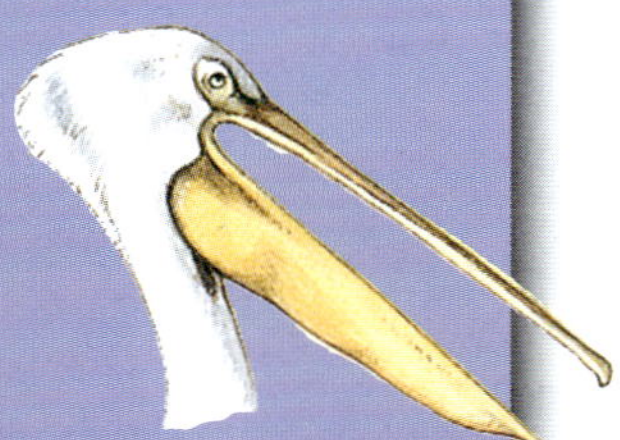

Le pélican a sous le bec une poche qu'il utilise pour stocker les poissons.

Avec son bec pointu comme un poignard, **le pic** perce l'écorce des arbres pour attraper les insectes.

Avec son bec épais, dur et coupant, **le perroquet** casse les noix et autres graines.

Les oiseaux

Un corps couvert de plumes et les membres antérieurs transformés en ailes : ce sont les oiseaux. Il en existe environ 9 500 espèces.

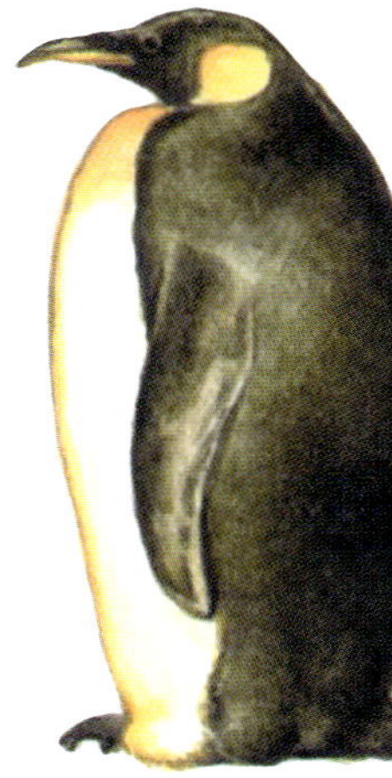

Le manchot empereur vit au pôle Sud. Il ne vole pas, mais ses ailes en forme de nageoire en font un excellent nageur.

Le kiwi ne vole pas. Son odorat développé lui permet de détecter les vers sous la terre.

Partout !

Grâce au vol, les oiseaux ont pu coloniser tous les milieux : les mers et les habitats extrêmes, comme les pôles et les déserts, ainsi que les plus hautes altitudes.

La femelle **coucou** ne construit pas de nid. Elle pond un œuf dans le nid d'un autre oiseau qui le couve, puis nourrit le jeune.

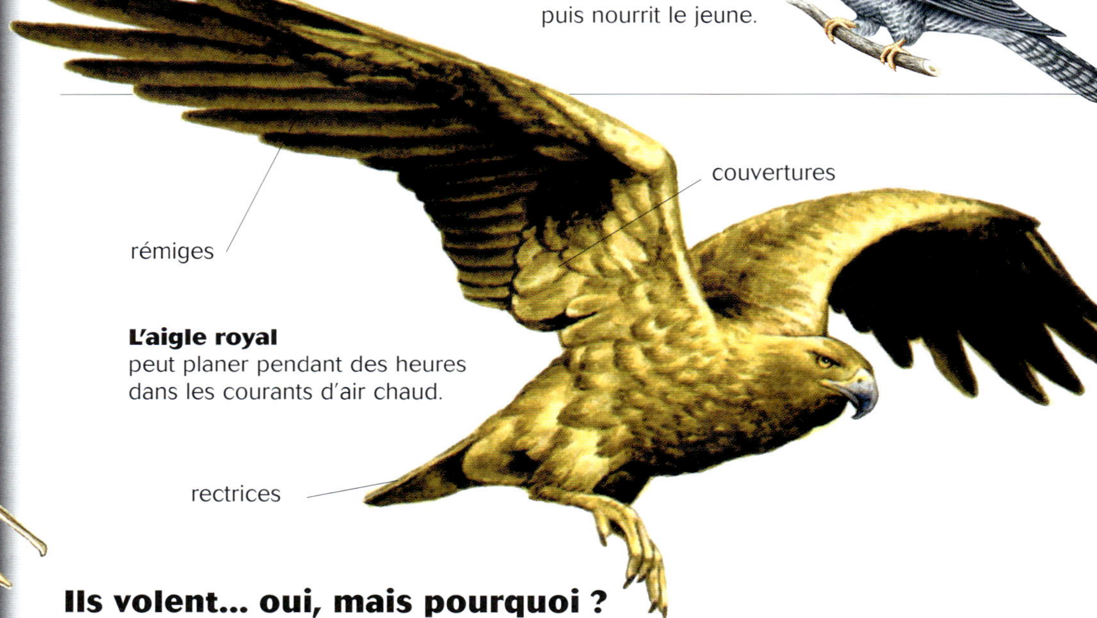

L'aigle royal peut planer pendant des heures dans les courants d'air chaud.

Ils volent… oui, mais pourquoi ?

Leur corps est adapté au vol : ils ont des os creux, donc légers, et des muscles puissants utiles aux battements des ailes. Leurs plumes lisses les aident à mieux pénétrer l'air. Les rémiges au bout des ailes portent l'oiseau. Les rectrices de la queue servent de frein et de gouvernail.

Zoom sur la plume

Elle permet le vol, mais elle protège aussi l'oiseau contre le froid et l'eau. Sa structure est complexe. De part et d'autre du tuyau central, la hampe, se trouvent les barbes, reliées entre elles par les barbules.

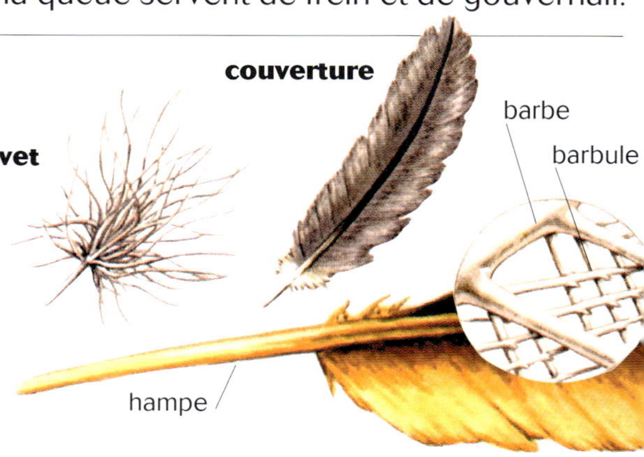

L'autruche est l'oiseau le plus lourd du monde (jusqu'à 156 kg). Elle ne vole pas, mais peut courir jusqu'à 65 km/h.

L'ara macao vit en groupes bruyants dans la forêt tropicale et se nourrit de noix. Très prisé des collectionneurs, il est aujourd'hui menacé.

La mouette tridactyle est un oiseau de mer qu vit en grandes colonies sur les faces escarpées des falaises.

Le toucan se nourrit de fruits. Très coloré, son bec énorme est creux... et donc très léger.

La chouette hulotte est un rapace nocturne qui niche dans le tronc des arbres. Elle chasse de nuit les rongeurs.

Les œufs

Ils ont des formes, des couleurs et des tailles variées.

L'œuf du guillemot de Troïl : sa forme l'empêche de tomber du replat de la falaise où il est pondu.

L'œuf d'autruche : c'est le plus gros (plus de 17 cm de long et 1,8 kg).

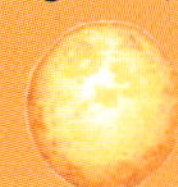

L'œuf du todier de la Jamaïque : il est presque rond.

L'œuf du lagopède des saules : il a l'aspect du sol sur lequel il est pondu.

C'est moi le plus beau !

Les mâles ont parfois un plumage plus coloré qui les aide à attirer les femelles lors de la parade nuptiale, la période de séduction amoureuse. Chez certains, cette livrée est constante, chez d'autres, elle disparaît à la fin des amours.

Le loriot d'Europe mâle est plus coloré que la femelle.

Les mâles des **paradisiers** de Nouvelle-Guinée ont de longues plumes colorées.

Le paon mâle étale sa queue garnie de beaux ocelles bleus devant la femelle. Efficace pour se faire admirer !

Machines volantes

Incapables de voler, les hommes se sont inspiré des oiseaux pour créer... leurs machines volantes. Cette science prenant les animaux comme modèle pour élaborer des mécanismes divers s'appelle la bionique.

Les vautours, ces grandes « ailes volantes » qui planent en se servant des ascendances thermiques, ont inspiré les concepteurs du deltaplane.

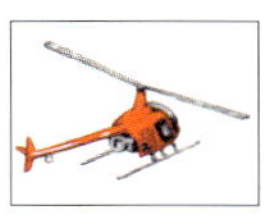

Le colibri peut voler sur place et à reculons ! Les inventeurs de l'hélicoptère n'ont fait que reproduire cette invention géniale de la nature.

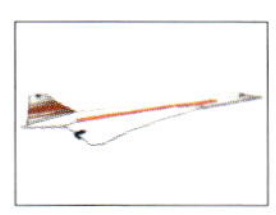

Le fou de Bassan, très aérodynamique avec ses longues ailes droites, son grand cou et son bec allongé, aurait inspiré les ingénieurs du *Concorde*.

rémige

Parcours de grandes voyageuses
Les cigognes blanches d'Europe de l'Ouest peuvent faire des allers-retours de 10 000 km !

La migration des oiseaux

À dates fixes, des oiseaux quittent en vol groupé leurs zones de reproduction situées dans les régions tempérées ou arctiques, pour hiverner sous les tropiques ou dans les endroits préservés du froid. Volant de jour ou de nuit, ils font des milliers de kilomètres pour échapper au manque de nourriture.

Sans carte ni boussole
Des millions d'oiseaux font chaque année le même voyage sans se tromper ! Des repères les aident à s'orienter : ils peuvent être célestes, comme le Soleil, la Lune ou les étoiles... ou terrestres, comme les mers, les montagnes, les fleuves ou les côtes. En outre, les pigeons voyageurs ont dans le cerveau des particules de magnétite. Cette sorte de boussole les rend sensibles au champ magnétique terrestre.

Anecdote

UN FIL À LA PATTE POUR PERCER LE MYSTÈRE DES HIRONDELLES...

Autrefois, quand les hirondelles partaient à l'automne, on pensait qu'elles s'enfonçaient dans la vase au fond des étangs pour passer la mauvaise saison ! Un jour, quelqu'un eut l'idée d'attacher un fil rouge à la patte d'un oiseau, pensant qu'il reviendrait le printemps suivant avec un fil décoloré par l'eau. Il n'en fut rien et on imagina alors que les oiseaux s'envolaient peut-être vers des contrées plus accueillantes !

Chaque hiver, ce chevalier stagnatile – venu de la lointaine Sibérie – rejoint ce même petit bout de marigot africain.

Fidèles...

La fidélité au site d'hivernage ou au lieu de reproduction est l'un des mystères les plus étonnants de la migration.

Chaque printemps, l'hirondelle revient dans le même nid de la même étable du même village.

Bâti pour vivre dans les airs !

Le martinet noir vient nicher en Europe où il ne reste pas plus de trois mois au sol. Le reste du temps, il vole et parcourt en moyenne 1 million de km par an ! Il se nourrit en vol, il s'y accouple parfois et il dort en planant. Capable de voler jusqu'à 3 000 m d'altitude, il est aussi très rapide et peut faire des pointes à 100 km/h.

MÉTIER

Ornithologue

Je suis spécialisé dans l'étude de la migration des oiseaux. Avant, on ne pouvait que baguer les oiseaux pour connaître leurs parcours migratoires. Aujourd'hui, je dispose d'une palette d'outils beaucoup plus fiables. Grâce aux balises ARGOS, par exemple, on peut suivre la migration d'un oiseau quasiment heure par heure sans avoir à l'attraper. C'est cette balise, fixée sur son dos, qui donne, via les satellites, des informations sur sa position.

Des champions de la migration

La sterne arctique niche surtout au pôle Nord et hiverne au pôle Sud. Elle parcourt ainsi chaque année l'équivalent du tour de la Terre !

La grue du Japon niche en Sibérie et hiverne en Chine et au Japon, pays où elle symbolise la longévité et le bonheur.

Le traquet motteux niche au Groenland et est capable de traverser l'Atlantique d'une traite pour rejoindre l'Afrique en hiver.

Il arrive que certains jeunes **pouillots à grands sourcils** se trompent de route : partant de Sibérie, ils atteignent l'Europe de l'Ouest au lieu de... l'Asie du Sud-Est !

Chaque automne, **le bécasseau maubèche** qui niche au Canada traverse l'océan pour rejoindre les côtes atlantiques françaises ou britanniques.

Le puffin fuligineux niche au large de l'Amérique du Sud et migre, en faisant une grande boucle nord-sud, soit dans l'Atlantique, soit dans le Pacifique.

Les reptiles

Tortues, crocodiles, sphénodons, serpents et lézards : voici les quatre groupes de reptiles. Ces vertébrés ont tous une carapace ou une peau couverte d'écailles. Ce sont des animaux à sang froid, incapables de réguler leur température.

Les serpents

Sans doute issus des lézards, les serpents avaient à l'origine des pattes qu'ils ont perdues. La reptation est devenue leur mode de déplacement : silencieux, il est idéal pour surprendre une proie. Carnivores, les serpents ont deux manières de tuer : par injection de venin ou par étouffement !

Les tortues

Elles peuvent vivre longtemps : une tortue offerte au capitaine Cook aurait ainsi atteint les 189 ans. Elles pondent des œufs et abandonnent leurs jeunes à la naissance.

Terrestre, **la tortue grecque** se trouve dans le bassin méditerranéen et dans nos jardins. Elle peut vivre 80 ans.

Aquatique, **la caouanne** fréquente les mers chaudes où elle effectue de grandes migrations.

L'anaconda, un serpent constricteur

Comme les pythons, ce boa est un serpent primitif qui étouffe sa proie. Il a ainsi saisi ce jeune crocodile avec ses dents avant de s'enrouler autour de lui et de resserrer ses anneaux… jusqu'à ce que mort s'ensuive. Grâce à ses mâchoires qui s'écartent et à sa peau qui se distend, il pourra ensuite l'avaler en entier. La digestion durera plusieurs mois.

3 000, c'est le nombre d'espèces de serpents.

600, c'est le nombre d'espèces venimeuses.

100 000, c'est le nombre annuel de décès dus à une morsure de serpent.

3 cm, c'est la longueur des plus grands crochets : ceux de la vipère du Gabon.

Les amphibiens

Représentés par les cécilies, les tritons et les salamandres, les grenouilles et les crapauds, les amphibiens sont les plus anciens vertébrés terrestres. Ces animaux à sang froid vivent sur la terre ferme, mais la plupart ont besoin de retourner dans l'eau pour se reproduire.

Que de changements !

Au printemps, la grenouille pond dans une mare. Pour pouvoir vivre à l'air libre, les larves, ou têtards, sorties des œufs vont devoir se transformer. C'est la métamorphose.

4 amphibiens

Le crapaud géant vit en Amérique du Sud et peut peser 1 kg.

Le triton à crête porte une crête sur le dos à la saison des amours.

Cette « salamandre » mexicaine, **l'axolotl,** garde toujours son aspect de têtard.

La cécilie est une espèce tropicale qui vit sous terre.

Les crocodiles

Crocodiles, alligators, caïmans et gavials ont une peau écailleuse couverte de formations osseuses. Ils vivent à la fois sur terre et dans l'eau.

Le crocodile du Nil, long de 5 à 7 m, vit dans toute l'Afrique tropicale.

L'alligator d'Amérique femelle peut pondre 50 œufs dans un nid de brindilles surélevé.

Les lézards

Outre les lézards, cette famille comprend aussi les caméléons, varans, scinques et autres iguanes. La plupart sont carnivores.

L'iguane marin vit aux Galapagos. Malgré son aspect redoutable, il est inoffensif et se nourrit d'algues !

Le dragon volant est un lézard d'Asie du Sud-Est. Il peut « voler » avec sa membrane de peau.

Le crotale, un serpent venimeux
Avec sa langue, le crotale, ou serpent à sonnette, capte des odeurs analysées par l'organe de Jakobson situé à l'avant de son palais. Le rongeur est ainsi repéré. S'ensuit alors une attaque foudroyante : le crotale saisit l'animal avec sa gueule, plante ses crochets, qui sont creux et inoculent aussitôt le venin. Paralysée, la proie meurt peu après. Le serpent l'avale d'un seul coup.

Le crotale a, au bout de sa queue, un grelot de plaques osseuses qu'il secoue en cas de danger.

5 serpents

Le cobra royal vit dans le Sud-Est asiatique. Son venin peut tuer un éléphant.

Africain, **le mamba noir** est arboricole, mais aussi terrestre. Il peut être très rapide.

Le python birman est un puissant serpent constricteur. Comme tous les pythons, il a de petites pattes arrière.

La couleuvre à collier vit en Europe. Non venimeuse, elle se nourrit de grenouilles et de rongeurs.

Le laticauda est un serpent de mer très venimeux, mais pas agressif.

1. Au départ, le têtard a une longue queue pour nager et des branchies pour respirer.
2. Apparition des pattes arrière.
3. Vers 3 semaines, apparition des pattes avant ; les branchies sont remplacées par les futurs poumons.
4. À 10 ou 11 semaines, la grenouille n'a plus de queue, mais des pattes bien formées : celles de derrière, plus longues, vont lui permettre de bondir sur la terre ferme.

Une mauvaise réputation

Le crapaud a souvent été accusé de tous les maux, comme téter les vaches, piller les nids, donner la rage aux chiens, faire tourner le vin et empoisonner tout ce qu'il touche ! Mais n'a-t-on pas raconté qu'un baiser pouvait le transformer en prince charmant ou qu'un caillou d'or aux pouvoirs merveilleux se cachait sous son crâne ?

Les poissons

Ils se divisent en trois groupes : les poissons primitifs sans mâchoire (lamproies et myxines), les poissons cartilagineux (requins et raies) et les poissons osseux, qui sont les plus nombreux.

Attention, danger !

Surnommé « mangeur d'hommes », **le requin blanc** attaque rarement les humains et se nourrit plutôt de mammifères marins. Ses dents triangulaires et crénelées, qui se renouvellent sans cesse, sont redoutables.

La raie pastenague a sous la queue un dard dont la piqûre venimeuse est très douloureuse, mais non mortelle pour l'homme.

Cachée dans le sable, **la vive** laisse dépasser l'une de ses nageoires dorsales terminée par des aiguillons venimeux.

Anatomie d'un poiss[on] osseux, la carpe

La queue ou **nageoire caudale** sert de propulseur.

La ligne latérale est un organe sensoriel qui perçoit les ondes, les champs électriques...

Dans les fleuves

Née dans la mer des Sargasses (Antilles), la jeune **anguille** migre vers les fleuves d'Europe ou d'Amérique. Puis elle repart pondre (et mourir) là où elle est née.

Le brochet se nourrit de poissons, de grenouilles ou d'oiseaux.

Originaire d'Asie mineure, **la carpe commune** peut vivre environ un siècle.

Le thon est un poisson migrateur qui vit en bancs.

À cause de son rostre, qui prolonge sa mâchoire supérieure, **l'espadon** est surnommé « poisson-épée ».

La murène attend sa proie cachée dans un rocher. Sa salive contient un poison dangereux.

L'hippocampe mâle possède une poche ventrale dans laquelle il incube les œufs jusqu'à leur éclosion.

La baudroie a une tête si laide que le poissonnier préfère la lui couper avant de la vendre sous le nom de lotte.

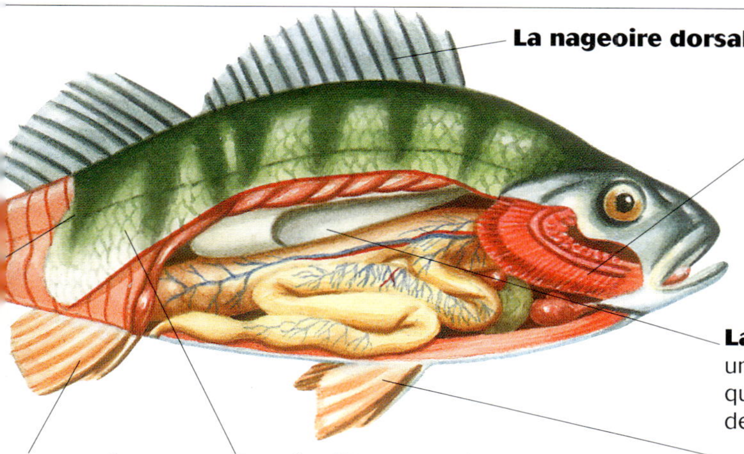

Ils volent !

Dans les mers chaudes, les poissons volants, ou exocets, ont de grandes nageoires qui leur permettent de sauter hors de l'eau et de planer dans les airs. Avantage : ils échappent ainsi aux prédateurs comme les thons… Inconvénient : ils deviennent la proie des oiseaux !

Ils marchent !

Les périophtalmes des mangroves tropicales vivent la plupart du temps à l'air libre. Ils respirent par la peau et se déplacent sur le sol ou sur les branches avec leurs robustes nageoires. Leurs yeux, protégés par une peau épaisse, supportent la lumière du Soleil.

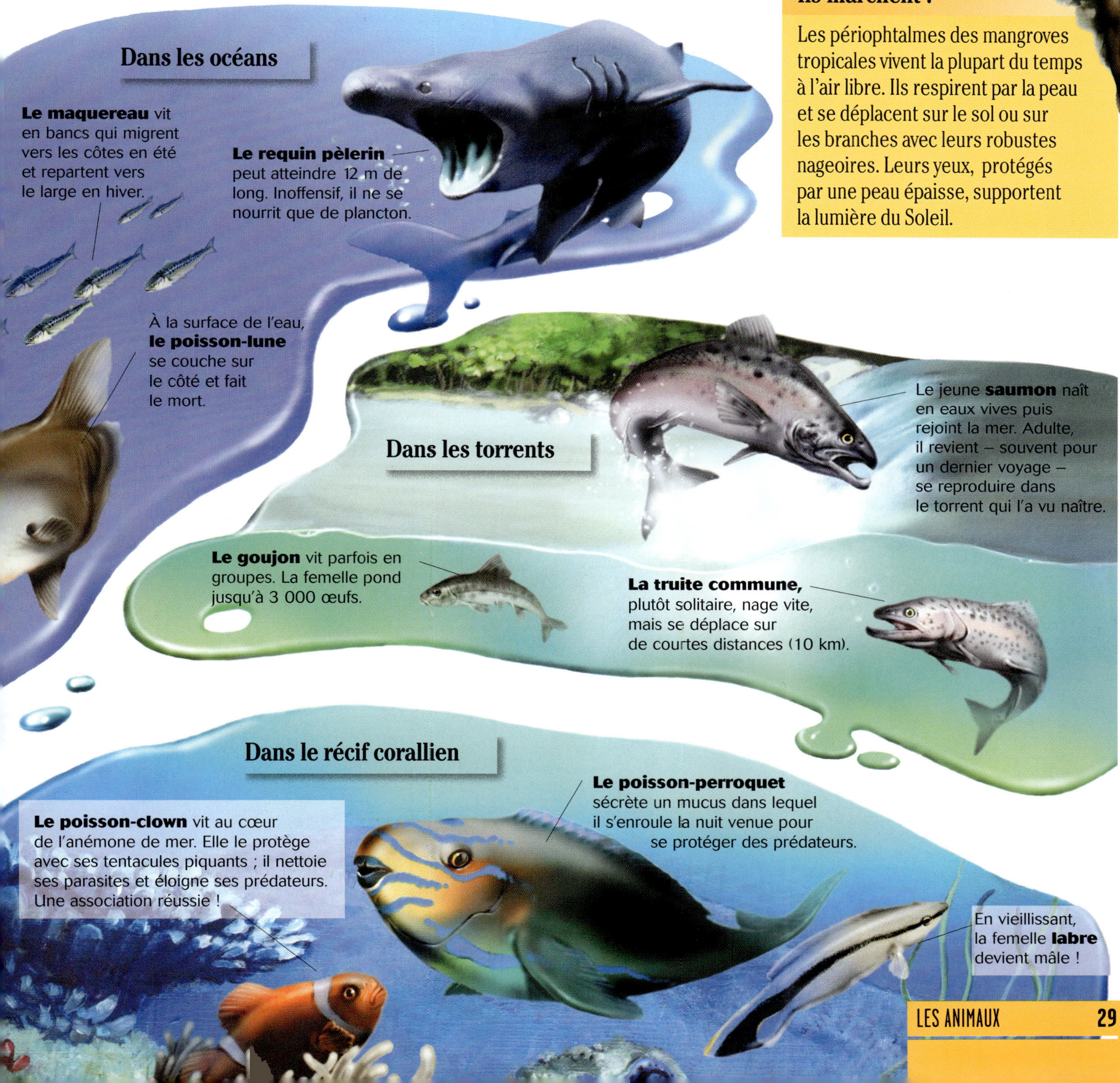

Dans les océans

Le maquereau vit en bancs qui migrent vers les côtes en été et repartent vers le large en hiver.

Le requin pèlerin peut atteindre 12 m de long. Inoffensif, il ne se nourrit que de plancton.

À la surface de l'eau, **le poisson-lune** se couche sur le côté et fait le mort.

Dans les torrents

Le jeune **saumon** naît en eaux vives puis rejoint la mer. Adulte, il revient – souvent pour un dernier voyage – se reproduire dans le torrent qui l'a vu naître.

Le goujon vit parfois en groupes. La femelle pond jusqu'à 3 000 œufs.

La truite commune, plutôt solitaire, nage vite, mais se déplace sur de courtes distances (10 km).

Dans le récif corallien

Le poisson-clown vit au cœur de l'anémone de mer. Elle le protège avec ses tentacules piquants ; il nettoie ses parasites et éloigne ses prédateurs. Une association réussie !

Le poisson-perroquet sécrète un mucus dans lequel il s'enroule la nuit venue pour se protéger des prédateurs.

En vieillissant, la femelle **labre** devient mâle !

… espèces de spongiaires
Éponges. Milieu marin. Ce sont les plus simples des animaux pluricellulaires : ils n'ont pas de système nerveux, ni d'organes différenciés.

… espèces de vers annelés
Vers de terre, sangsues, vers marins… Ce sont des animaux sans pattes au corps mou, qui vivent sous la terre, dans l'eau ou même dans les intestins humains dans le cas du ténia qui peut mesurer 2 à 3 m de long.

Les invertébrés

Ce sont tous les êtres vivants qui ne possèdent pas de squelette osseux interne. Considérés comme les moins évolués des animaux, les invertébrés sont de loin les plus nombreux sur la Terre : près de 1,5 million d'espèces.

… espèces d'insectes
Coccinelles, papillons, cigales… Milieux aérien et terrestre surtout. Caractérisés par un corps articulé en 3 parties (tête, thorax et abdomen), 6 pattes et parfois des ailes. Il reste peut-être encore autant d'espèces à découvrir.

… espèces de protozoaires
Amibes, paramécies et tous les animaux unicellulaires microscopiques. Milieu aquatique surtout.

Alien
L'intestin de l'homme abrite des amibes. Très utiles, ces parasites favorisent la digestion. Mais attention à l'eau des pays chauds : elle contient des amibes plus dangereuses qui provoquent des maladies, comme la dysenterie.

… espèces de mollusques
Escargots, huîtres, moules, poulpes… Milieu marin surtout. Leur corps mou et visqueux est souvent protégé par une coquille.

Drôles d'amours
Hermaphrodites, les escargots sont tour à tour mâles et femelles. Pour se reproduire, les mâles échangent leurs spermatozoïdes, puis deviennent femelles. Elles produisent alors des ovules qui sont fécondés par les spermatozoïdes qu'elles ont gardés.

Résistant, le scorpion !
En cas de guerre nucléaire, le scorpion pourrait survivre à l'homme : il est capable de supporter des doses de radioactivité mortelles pour les êtres humains.

… espèces d'arachnides

Araignées, scorpions et acariens. Milieu terrestre surtout. Ils possèdent 4 paires de pattes (contre 3 chez les insectes) et n'ont pas d'ailes.

Instinct maternel
Les femelles perce-oreilles ont un comportement exceptionnel chez les invertébrés. Après avoir surveillé attentivement leurs œufs, elles nourrissent leurs jeunes et s'occupent d'eux.

Une vie d'un jour ?
Une fois adulte, l'éphémère ne vit parfois que quelques heures et guère plus d'une semaine, alors que sa larve, elle, a souvent vécu 1 ou 2 ans.

… espèces d'échinodermes

Oursins et étoiles de mer. Milieu marin. Leur corps est formé de 5 parties identiques réunies autour d'un axe central.

Asticots
Les mouches pondent souvent leurs œufs sur des cadavres d'animaux. Les larves ou asticots qui en sortent se nourrissent alors de la chair animale.

Terrestre
Le cloporte est un crustacé, comme le homard. Une différence pourtant : il est terrestre.

… espèces de myriapodes

Appelés aussi mille-pattes, ils ont le corps divisé en segments et se caractérisent par un grand nombre de pattes. Le record : 750 pour l'illiacme.

… espèces de crustacés

Crevettes, crabes, écrevisses… Milieu aquatique surtout. Caractérisés par un corps recouvert d'une carapace articulée, 5 paires de pattes minimum et 2 paires d'antennes.

… espèces de cnidaires

Hydres, méduses, anémones de mer et coraux. Milieu marin surtout. Ils sont, comme les spongiaires, très primitifs.

Les insectes sociaux

Les fourmis, les abeilles ou les termites vivent dans des sociétés organisées... et très performantes.

À chacun son rôle

Ces insectes sociaux partagent le travail nécessaire à leur survie. Ils sont regroupés par castes ou groupes sociaux. Chaque membre doit exercer la tâche qui lui est assignée : pondre, élever les petits, défendre le nid... À chaque fonction correspondent des caractères physiques particuliers.

La plupart des **abeilles** sont solitaires ; certaines, comme les abeilles domestiques, sont sociales et vivent en colonies dans des nids appelés ruches. Elles produisent le miel.

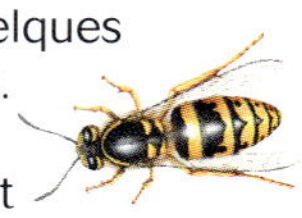

Beaucoup d'espèces de **guêpes** sont solitaires, mais il existe quelques espèces sociales. Les guêpes communes vivent en colonies dans des nids en bois mâché. Toute la colonie, sauf une jeune reine, meurt à l'automne.

Toutes les espèces de **termites** sont sociales. En Afrique, leurs nids, les termitières, sont des monticules de terre hauts de 6 m abritant jusqu'à 500 000 insectes. Le roi et la reine y vivent ensemble. La reine peut pondre 30 000 œufs par jour.

Chez les fourmis noires : naissance de la fourmilière

En été, mâles et femelles ailés s'accouplent en vol ou dans le sol. Une reine fécondée se pose dans une forêt. Elle perd ses ailes.

MÂLE
Taille : 7-8 mm

Plus petit que la reine, le mâle est ailé et a une vie très brève. Il ne sert qu'à la reproduction et meurt peu après avoir fécondé une femelle.

REINE
Taille : 12-13 mm

C'est la plus grosse. Elle peut vivre parfois plusieurs dizaines d'années. Elle ne fait que pondre et laisse les ouvrières s'occuper de ses œufs. Elle est installée dans une loge au centre de la fourmilière.

1 Elle creuse dans le sol une loge, la 1re pièce de la fourmilière. Elle pond. C'est la seule fois où elle s'occupe de ses œufs.

2 Devenues adultes, les ouvrières créent un réseau de galeries souterraines et de loges.

3 Les brindilles et la terre rejetées à la surface forment un dôme protecteur.

OUVRIÈRES
Taille : 3-4 mm

Elles sont stériles et ne volent pas. Outre la construction et l'entretien de la fourmilière, elles assurent toutes les tâches : chercher la nourriture, soigner et nourrir les larves... Pour effectuer ces travaux, certaines espèces, comme les fourmis esclavagistes, capturent des fourmis dans d'autres fourmilières et les transforment en esclaves.

SOLDATS
Taille : 3-4 mm

Assez semblables aux ouvrières, elles ont une grosse tête munie de puissantes mandibules, utiles pour défendre la fourmilière.

Des fourmis très actives

Comme les fourmis noires, **les fourmis d'Argentine** élèvent des pucerons. Elles les « traient » pour obtenir – et manger – le miellat, la sève sucrée des plantes prédigérée par les pucerons.

En Amérique du Sud, **les fourmis Atta ou champignonnistes** font pousser des champignons sur des morceaux de feuilles qu'elles ont transportés et mâchés. Elles mangent les racines de ces champignons.

Suspendues au plafond d'une galerie, certaines ouvrières des **fourmis pot-de-miel** servent de « garde-manger » : elles stockent dans leur abdomen des substances sucrées pour nourrir les autres fourmis de la colonie.

Des antennes pour se reconnaître

Deux fourmis qui se croisent se tapotent les antennes : elles échangent des odeurs, des phéromones, et s'identifient ainsi. Chaque colonie a en effet sa propre odeur. Ce qui permet de repérer les étrangères et de les chasser !

La vue

Les animaux ont souvent une meilleure vue que nous, mais nous percevons mieux qu'eux les couleurs. Entre les vers aveugles et le gorille qui voit presque comme nous, il y a un grand éventail de visions.

Ce que nous voyons :

Ce qu'ils voient :

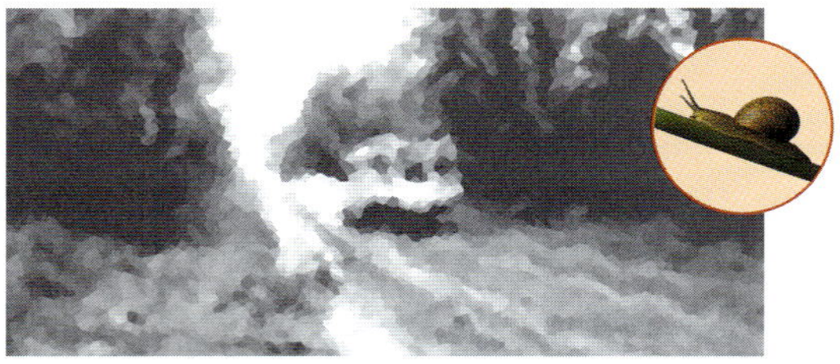

Au bout de ses cornes, **l'escargot** a bien des yeux, mais selon les critères humains, on peut dire qu'il est quasiment aveugle. Il se repère donc à l'odorat.

L'abeille voit les formes moins bien que nous, mais distingue mille fois mieux les mouvements. Elle ne discerne pas le rouge, mais est sensible à l'ultraviolet, invisible pour nous.

Comme beaucoup de mammifères, **le taureau** ne voit pas bien les couleurs et sa vision est assez floue. Peu importe la couleur de la cape du toréador, puisque c'est son mouvement qu'il perçoit.

L'aigle a un système de grossissement intégré à ses yeux et voit le monde comme au travers de jumelles. Ceci n'est possible qu'avec une lumière vive. C'est pourquoi l'aigle ne vole qu'en journée.

Cinq sens... et plus ?

Les 5 sens (vue, goût, ouïe, toucher et odorat) ont le même rôle chez les animaux et chez l'homme : les informer sur le monde qui les entoure. En fonction de leur habitat ou de leur manière de chasser, les animaux ont privilégié certains sens.

La chouette effraie, qui chasse de nuit, est capable de voir dans l'obscurité. Elle a, en outre, une ouïe excellente qui lui permet de repérer sa proie.

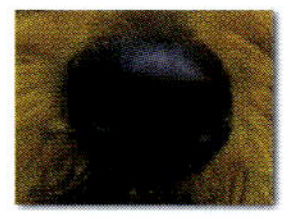

L'odorat

Les animaux ont souvent un odorat plus puissant que le nôtre. Certains d'entre eux perçoivent ainsi les phéromones, ces substances chimiques sécrétées par leurs congénères, auxquelles notre nez est totalement insensible. Elles jouent un rôle considérable dans la communication animale.

Le bombyx mâle sécrète des phéromones sexuelles que la femelle sent jusqu'à plus de 1 km !

Comme tous les carnivores, **le guépard** mâle marque son territoire en urinant. Les autres mâles qui sentent les phéromones contenues dans son urine savent que cela signifie : « Attention, vous êtes chez moi ! »

Chaud devant !

Certains animaux « voient » leurs proies grâce à la chaleur qu'elles émettent sous forme d'ondes infrarouges. C'est le cas de certains serpents, comme **le crotale,** mais aussi des ours. Dans le Grand Nord, un homme à l'abri dans sa tente peut être repéré par un ours blanc, simplement par son émission d'infrarouges !

vision **infrarouge** d'un rongeur

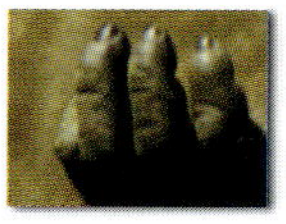

Le toucher

Les animaux qui ont une vue et une ouïe médiocres compensent souvent ce handicap par un sens du toucher très développé. Pour cela, différents outils : chez les insectes, les antennes servent à communiquer. Quant aux mouches, elles utilisent leurs pattes pour identifier la nourriture sur laquelle elles marchent.

Les moustaches du **chat** sont de véritables outils tactiles, qui lui tiennent finalement lieu de « cinquième patte ».

Le museau en étoile de **la taupe** est très innervé. Un simple frôlement et elle identifie proies ou obstacles dans l'obscurité de son tunnel.

L'araignée mâle a une manière particulière de tapoter la toile avec ses pattes pour signifier à la femelle qu'il est un partenaire et non une proie.

Plus « sensés » que l'homme ?

Le requin chasse en percevant les ondes électriques que dégage sa proie, un chat perdu loin de chez lui est capable de faire des centaines de kilomètres pour retrouver sa maison ; des animaux comme le cheval sentent avant l'homme l'imminence d'un séisme. Nombreux sont les exemples de cette sensibilité extrême. Instinct, « 6e sens » ? Elle reste pour nous un mystère !

Grâce aux ampoules de Lorenzini, des capteurs situés le long de son museau, **le requin-marteau** détecte l'électricité émise par ses proies... qu'il n'est donc pas obligé de voir !

L'ouïe

Tu penses avoir une bonne oreille ? Détrompe-toi : contrairement à nous, certains animaux entendent des ultrasons (très aigus, au-dessus de 20 000 hertz) et des infrasons (très graves, en dessous de 20 hertz), et ceci parfois à des distances considérables.

L'écholocation

Chauves-souris ou dauphins chassent au sonar. Ils émettent des ultrasons dont l'écho leur permet de repérer les proies ou les obstacles. Les chauves-souris captent l'écho avec leurs grandes oreilles, les dauphins avec leurs mandibules.

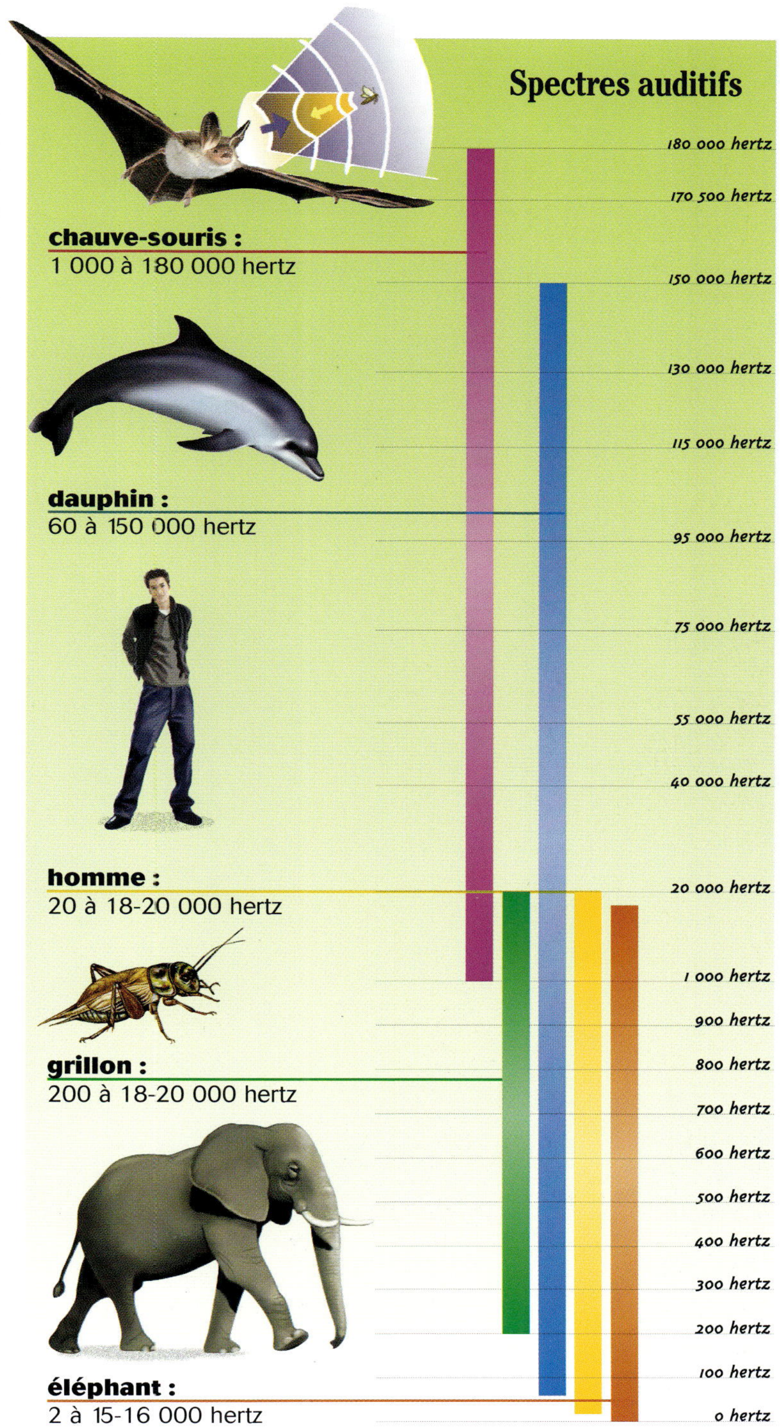

Objectif : survie !

Les proies n'ont guère le choix : ou bien elles essayent de passer inaperçues ou elles tentent de faire peur à leur prédateur avec des leurres.

Par sa couleur vive, **la dendrobate dorée** signifie que sa peau contient un venin mortel.

Attrapé par la queue, **le lézard des murailles** laisse celle-ci dans la bouche du prédateur surpris… et prend la fuite !

Cette mouche inoffensive, **la syrphe,** est « déguisée » en guêpe au dard redoutable…

La queue de **la chenille de la phalène du Costa-Rica** ressemble à une tête de serpent.

Prédateurs et proies

Dans la nature, un animal n'est pas prédateur ou proie, mais souvent les deux à la fois. Ainsi, un serpent peut être la proie d'un aigle et le prédateur d'un rongeur. Chacun forme les maillons d'une chaîne alimentaire. L'homme est au sommet de toutes ces chaînes.

En forêt tropicale
Il faut voir avant d'être vu, se cacher pour se nourrir ou ne pas mourir. Jouer avec les ombres et les lumières, ce sont là les stratégies développées par les animaux de la jungle.

Le camouflage

Nombreux sont les animaux qui se camouflent en imitant les formes, la matière, les couleurs du paysage où ils vivent. En devenant invisibles, les prédateurs peuvent alors attaquer leurs proies par surprise. Quant aux proies, elles sont presque tranquilles…

Le caméléon modifie la couleur de sa peau selon son environnement et ses émotions. Avec sa très longue langue, il attrape les insectes, sans s'approcher d'eux.

Objectif : attaque !

Les prédateurs déploient des trésors de ruse et multiplient les techniques pour capturer leur proie avec discrétion et aussi peu de dépense d'énergie que possible.

Au-dessus de sa bouche, **la baudroie** possède un leurre, un tentacule, qu'elle agite comme un hameçon pour attirer sa proie.

Le poisson archer projette sur les insectes des gouttes d'eau qui les déséquilibrent et les font atterrir directement dans sa bouche !

L'orque n'hésite pas à s'échouer sur la plage pour attaquer, par surprise, manchots ou otaries.

Danger en vue : **le poisson-porc-épic** ou **diodon** se gonfle et présente son corps tout rond couvert d'épines.

Sur les ailes du **grand papillon-chouette,** les ocelles imitent d'immenses yeux effrayants.

Le porc-épic marche à reculons vers son prédateur en lui montrant son dos couvert de piquants.

Le crapaud cornu est un lézard qui fait gicler du sang de ses yeux sur son prédateur.

Apeuré, **le tatou** se met en boule. Ce « ballon » en plaques cornées devient alors insaisissable.

1 **Le phasme** est un insecte qui ressemble à une brindille.
2 3 **Le jaguar** et **l'ocelot** ont une fourrure tachetée qui se confond avec les clairs-obscurs.
4 **Le caïman** imite un tronc d'arbre mort.

Au pôle Nord

En hiver, beaucoup d'espèces sont blanches comme la neige, mais elles deviennent plus colorées quand revient l'été et que lichens et rochers se découvrent.

1 **L'ours polaire** est blanc toute l'année.
2 **Le lagopède** est brun moucheté en été et blanc en hiver.
3 **Le renard polaire** est brun-gris en été et blanc en hiver.
4 **Le lièvre arctique** est brun en été et blanc en hiver.

Le fourmilion creuse dans le sable une sorte d'entonnoir au fond duquel il attend que des insectes tombent pour pouvoir les gober.

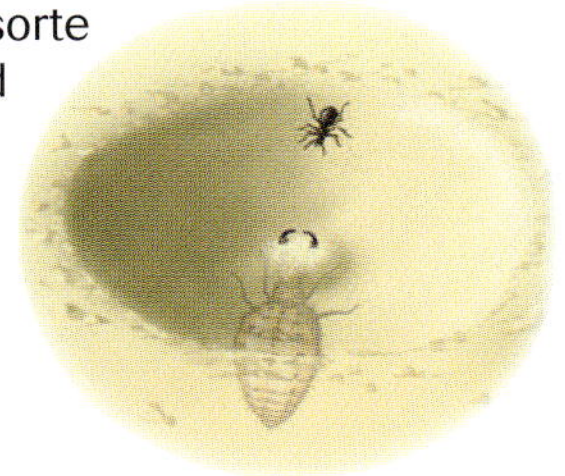

La vipère heurtante se cale contre une roche qu'elle utilise pour prendre son élan et sauter de façon foudroyante sur sa victime.

La mouche n'a pas vu la toile invisible. Sitôt prise dans ses fils, elle sera tuée par **l'araignée,** dissimulée tout près de son piège.

Des animaux qui s'adaptent

Les animaux sont les champions de l'adaptation ! Pour vivre dans des milieux extrêmes, ils ont développé des caractères physiques qui leur permettent de supporter les pires contraintes de leur environnement.

C'EST QUOI, L'HIBERNATION ?

En hiver, pendant plusieurs mois, certains animaux, comme le loir et la marmotte, hibernent. Ils s'endorment profondément, leur température baisse beaucoup, ils ne mangent plus et leur cœur bat au ralenti. Ils survivent grâce à leurs réserves de graisse. À leur réveil, ils sont amaigris : la marmotte perd ainsi un quart de son poids.

Antigel

En Amérique du Nord, **les serpents-jarretières,** certaines tortues d'eau douce ou la grenouille des bois produisent une sorte d'antigel dans leur sang qui les empêche de geler totalement.

Ça gèle !

Une bonne couche de graisse et une épaisse fourrure sont indispensables pour supporter les températures glaciales (jusqu'à - 50 °C !) du climat polaire.

Le phoque du Groenland passe beaucoup de temps dans l'eau où la perte calorique est plus rapide que dans l'air. Sous sa peau, une épaisse couche de graisse l'isole du froid.

La fourrure de **l'ours polaire** est formée de deux couches de poils : la première, blanche, lui sert d'isolant, et la seconde, dessous, toute noire, renvoie vers son corps une partie des calories qu'il perd.

Le renard polaire ne frissonne qu'à partir de - 70 °C. La majeure partie de sa fourrure est faite d'un duvet fin et très chaud.

Le morse a une peau très épaisse (2 à 4 cm) qui lui sert de « bouclier protecteur ».

FROID

À la Une

journal à parution quotidienne

PRIX FRANCE MÉTROPOLITAINE : 1 €

Une résistance à toute épreuve !

Les tardigrades, minuscules invertébrés de l'ordre des arthropodes, vivent dans l'eau. Et ils supportent TOUT !

- Plongez-les dans de l'hélium liquide à - 272 °C : ils survivent.
- Chauffez-les à 150 °C : ils survivent !
- Trempez-les dans de l'éther : ils sont toujours vivants !!!
- Une bonne radiation ionisante : pas morts !!!

Leur secret : dès qu'ils subissent un stress ou que l'eau manque, ils rentrent leurs pattes dans leur corps, se dessèchent, sécrètent une sorte d'enveloppe qui les entoure et attendent… une semaine, dix ans, cent ans, parfois plus ! Transformés en miettes poussiéreuses, ils peuvent être emportés par le vent, grimper à de hautes altitudes, faire le tour de la Terre et redescendre un beau jour dans un environnement meilleur. C'est ainsi qu'on les trouve partout dans le monde.

tête de **tardigrade** grossie 250 fois

Au fond des mers

À plus de 10 000 m dans les profondeurs marines, les abysses, il fait nuit noire et la nourriture est rare. Certains poissons qui y vivent ont sur leur corps des organes phosphorescents, des leurres, qui servent à signaler leur présence et à attirer les proies : leurs mâchoires énormes ne leur laisseront aucune chance.

HAUT

Très très haut

Voler à de hautes altitudes présente de vraies contraintes : l'oxygène est rare, il fait froid et les vents peuvent être violents. Certains oiseaux ont su braver ces inconvénients...

À 10 000 m, **les oies** respirent une fois par seconde et leur cœur bat 400 fois à la minute : elles sont ainsi capables de puiser la plus petite particule d'oxygène dans l'air.

L'aigle royal vole à plus de 6 000 m. Grâce à ses grands poumons, il supporte le manque d'oxygène. Il peut changer rapidement d'altitude sans éprouver le moindre « mal des montagnes ».

La bosse du **dromadaire** est sa réserve de graisse... qu'il peut transformer en eau.

Le fennec trouve l'eau nécessaire à sa survie dans le corps de ses proies. Ses grandes oreilles lui servent de climatiseur.

Dans le désert côtier de Namibie, **le ténébrion** récolte la rosée produite par la brume de l'océan.

CHAUD

Le crapaud du désert d'Australie a une peau qui se régénère sans cesse : elle forme une barrière imperméable qui l'empêche de se dessécher.

Ça chauffe !

Pour survivre dans les déserts, il faut savoir se passer d'eau. Ainsi, certains animaux ne boivent jamais. D'autres peuvent trouver de l'eau n'importe où et la consommer avec modération.

grangousier

grenadier

baudroie abyssale

chaulodius

PROFOND

Ces poissons qui n'ont pas besoin d'eau...

En Afrique, quand le marigot s'assèche, **les dipneustes** s'enfoncent dans la boue, sécrètent un cocon de mucus protecteur et entrent en léthargie.

Voici qu'un habitant du village prend de la boue pour faire des briques : des poissons sont attrapés en même temps.

Quand vient la saison des pluies, les briques « fondent » et les poissons, libérés, revivent. Le villageois n'en croit pas ses yeux !

Où et quand ont-ils été domestiqués ?

Le chat : en Égypte il y a 4 000 ans.

Le cheval : en Eurasie ou au nord de la mer Noire il y a 3 à 5 000 ans.

La vache : au Proche-Orient il y a 8 000 ans.

La chèvre : en Mésopotamie il y a 8 500 à 9 500 ans.

Le mouton : au Proche-Orient il y a 8 500 ans.

Le lapin : en Europe occidentale aux XIVe – XVe siècles.

L'homme les a domestiqués

Au Néolithique, quand il s'est sédentarisé, l'homme s'est aperçu qu'il tirerait un meilleur parti des animaux en les élevant. C'est le début de la domestication.

Du loup au chien

Ancêtre du chien, le loup est l'un des premiers animaux à avoir été domestiqué. Il y a environ 12 000 ans, l'homme a l'idée de le faire chasser pour lui. Il capture des jeunes et sélectionne les plus dociles, qui vont même lui servir de couvertures en hiver ! Cet auxiliaire de chasse devient un animal de garde, du troupeau d'abord, puis du logis, et enfin un animal de compagnie... qui jappe encore comme un jeune loup !

Apprenti sorcier...

En croisant les races, l'homme va diversifier et améliorer les espèces, afin qu'elles répondent au mieux à ses besoins. Il existe ainsi aujourd'hui 3 000 races de chiens aux qualités variées et aux rôles bien définis.

Le berger allemand : très obéissant, c'était à l'origine un chien de berger.

Le doberman : sa puissante musculature en fait un très bon chien de garde.

Le fox-terrier : robuste et vigoureux, il est utilisé pour chasser le renard.

Le malamute : bien adapté au froid, c'est un chien de traîneau des régions arctiques.

Le beagle : loquace et doté d'un très bon flair, il chasse en meutes sanglier, chevreuil et cerf.

Le greyhound : ce lévrier d'Arabie très rapide est utilisé pour chasser les gazelles.

Le bichon maltais : petit, il fait un chien de compagnie idéal.

La poule : en Chine il y a 3 000 à 5 000 ans.

Le porc : au Proche-Orient il y a 8 000 à 8 500 ans.

Le hamster : en Europe centrale il y a quelques siècles.

Le canari : aux îles Canaries, Madère, Açores il y a quelques siècles.

Le cochon d'Inde : en Amérique du Sud il y a 600 à 700 ans.

Le poisson rouge : en Chine il y a plus de 1 000 ans.

L'homme les met en danger

La pollution et la destruction de leur habitat – notamment les forêts –, la chasse ou la pêche intensives sont les principales menaces qui pèsent sur les animaux.

Attention danger !
Depuis quelques siècles, ce phénomène de régression, et pire encore d'extinction des espèces s'accélère, si bien qu'aujourd'hui plus de 10 % des oiseaux et sans doute plus de 20 % des mammifères sont menacés de disparition.

Que fait-on pour protéger les animaux ?

Des lois internationales visent à protéger les espèces là où elles vivent, à interdire leur déplacement, leur trafic et leur chasse. Ces dernières décennies, des parcs et réserves ont été créés à travers le monde dans le même but. Hélas, le braconnage et la déforestation se pratiquent encore sur ces zones protégées. Enfin, les zoos contribuent à la reproduction en captivité d'espèces gravement menacées à l'état sauvage.

À nous de jouer !
On chasse encore des animaux menacés pour fabriquer des bijoux, vêtements, et autres trophées. En refusant d'acheter ces produits, chacun peut, à son niveau, agir contre ces trafics illégaux.

L'esturgeon est chassé pour ses œufs qui donnent le caviar. À noter : une très forte diminution de ces poissons en mer Caspienne.

Le crocodile est chassé pour sa peau qui sert à faire des chaussures et des sacs à main.

L'éléphant est chassé pour l'ivoire de ses défenses qui sert à fabriquer bijoux, statuettes...

Les grands fauves sont chassés pour leur fourrure qui sert à faire des manteaux.

Ils sont menacés :

apollon
Europe tempérée

orang-outan
Bornéo

tigre de Sibérie
Chine et Sibérie

rhinocéros de Java
Java

tortue-luth
Océan Pacifique

albatros hurleur
Mers du Sud

ara de Spix
Brésil

loup d'Abyssinie
Éthiopie

Records d'animaux

1 L'oiseau le plus rapide est **le faucon pèlerin :** plus de 180 km/h.

2 Le plus petit oiseau est **le colibri d'Helen :** 5,7 cm et 1,6 g.

3 Le mammifère le plus haut est **la girafe** mâle : 5,80 m.

4 Le mammifère le plus rapide est **le guépard :** 100 km/h.

5 Le saut le plus haut est celui de **la puce :** 33 cm, soit 220 fois sa taille.

6 L'oiseau à la plus grande envergure est **l'albatros hurleur :** jusqu'à 3,63 m.

7 L'oiseau qui vole le plus haut est **le vautour :** près de 12 000 m.

8 Le plus grand et le plus gros mammifère est **le rorqual bleu :** 33 m et 130 tonnes, soit le poids de 26 éléphants d'Afrique.

9 Le plus grand invertébré est **le calmar géant :** 17,5 m.

10 Le mammifère qui plonge le plus profond est **le cachalot :** 2 400 m.

11 L'animal qui grandit le moins vite est **la Tindaria callistisormis,** palourde de l'Atlantique : 8 mm en 100 ans.

Quoi de neuf sur les animaux ?

Chaque année, des milliers d'espèces nouvelles sont découvertes… et on est loin d'avoir fini l'inventaire.

Censé avoir disparu il y a 70 millions d'années, **le cœlacanthe** a été retrouvé en 1938 en Afrique du Sud.

Le saola, une antilope, a été découvert au milieu des années 1980 au Vietnam.

Le tamarin-lion à face noire a été découvert au Brésil en 1990. Il en resterait moins de 300.

La chevêchette du Pérou, une chouette minuscule, a été découverte en 1991.

12 Le battement d'ailes le plus rapide est celui du **moucheron Forcipomia :** 1 046 battements par seconde.

13 Le mammifère le plus paresseux est **le paresseux :** il dort 20 heures par jour.

14 Le plus gros mammifère terrestre est **l'éléphant d'Afrique :** 5 tonnes.

15 Le plus grand poisson est **le requin-baleine :** 15 m.

16 Le plus grand lézard est **le varan de Komodo :** 3,50 m.

17 La plus grosse araignée est **la mygale de Leblond :** 28 cm.

18 Le poisson le plus rapide est **le voilier :** 110 km/h.

19 Le plus long ver de terre est **le Macrochaetus :** 6,70 m.

20 L'oiseau le plus plumé est **le cygne tuberculé :** 25 216 plumes.

21 Le mammifère qui a la plus grosse portée est **le tenrec de Madagascar :** 31 jeunes.

22 Le plus grand reptile est **le python réticulé :** 10,70 m.

23 La plus grande différence de taille entre sexes est celle des **vers marins Bonellia :** femelle : 1 m / mâle : 1 mm.

Et si on faisait revivre des espèces disparues…

Actuellement, des expériences sont tentées avec le thylacine ou loup marsupial, disparu depuis 1930. Des chercheurs essayent de récolter l'ADN de spécimens conservés et de le cultiver sur des bactéries-supports. Il serait alors possible, par de complexes clonages de cellules-porteuses, de les inséminer dans une espèce de marsupial proche du thylacine qui servirait de mère porteuse. Mais ce n'est pas encore fait…

Info

L'ADN, UNE RÉVOLUTION

L'étude de l'ADN des animaux a changé l'approche de leur classification. En analysant le patrimoine génétique de plusieurs microcèbes, apparemment une espèce unique de lémuriens de Madagascar, on s'est aperçu qu'ils appartenaient à sept espèces différentes.

QUIZZ DOKÉO

L'as-tu bien lu… Dokéo ?

Quelle femelle dinosaure était, comme son nom l'indique, une « bonne mère lézard » ?

- Maiasaura?
- Ankylosaurus ?
- Diplodocus ?

Solution : pages 8-9

On compte environ…

- … 1 000 espèces d'insectes ?
- … 100 000 espèces d'insectes?
- … 1 000 000 espèces d'insectes ?

Solution : page 30

Il a des plaques hérissées de pointes et une « massue » au bout de sa queue, c'est…

- … L'ankylosaurus ?
- … Le triceratops ?
- … Le pachycephalosaurus ?

Solution : page 9

Quel animal femelle devient-il mâle en vieillissant ?

- Le labre ?
- L'hippocampe ?
- L'escargot ?

Solution : page 29

Certaines chauves-souris se nourrissent…

- … de charognes ?
- … du sang des animaux ?
- … du sang d'autres chauves-souris ?

Solution : page 16

À quel âge le bébé kangourou sort-il de la poche de sa mère pour la première fois ?

- À 5 mois ?
- À 9 mois ?
- À 12 mois ?

Solution : page 16

La gestation de l'éléphant dure environ…

- … 30 jours?
- … 270 jours?
- … 600 jours ?

Solution : page 14

Pourquoi les poissons volants sautent-ils hors de l'eau ?

- Pour pouvoir respirer ?
- Pour échapper aux prédateurs ?
- Pour aller plus vite ?

Solution : page 29

Tyrannosaurus rex…

- … vivait au Jurassique ?
- … pouvait mesurer 15 m de long ?
- … était herbivore ?

Solution : page 7

L'espadon est appelé « poisson-épée » à cause de…

- … sa dent ?
- … son rostre ?
- … sa nageoire ?

Solution : page 28

Qu'y a-t-il dans la bosse du dromadaire ?

- Du sable ?
- De la graisse ?
- Du lait ?

Solution : page 39

Grâce à ses grandes oreilles, le fennec…

- … entend le moindre bruit ?
- … régule sa température ?
- … éloigne les insectes ?

Solution : page 39

Le plus rapide des mammifères marins est…

- … la baleine ?
- … le cachalot ?
- … l'orque ?

Solution : page 15

Ce mammifère a un bec de canard et des pattes palmées, c'est…

- … le dugong ?
- … le daman ?
- … l'ornithorynque ?

Solution : page 16

Que fait le crapaud cornu pour éloigner les prédateurs ?

- Il se met en boule ?
- Il se déguise en serpent ?
- Il fait gicler du sang de ses yeux ?

Solution : page 37

Le chat a été domestiqué par l'homme…

- … en Chine il y a 1 000 ans ?
- … en Égypte il y a 4 000 ans ?
- … en Europe à la fin du Moyen Âge ?

Solution : page 40

Le dipneuste est un poisson…

- … qui peut se passer d'eau ?
- … qui récolte la rosée ?
- … qui a des ailes ?

Solution : page 39

Les tardigrades ont une résistance à toute épreuve. Ces invertébrés peuvent résister…

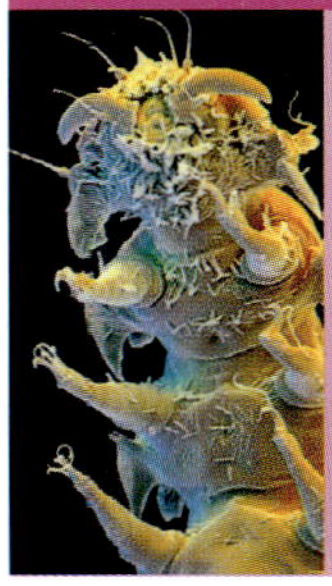

- … à une température de 300 °C ?
- … à un bain d'éther ?
- … à un bain d'hélium liquide à - 400 °C ?

Solution : page 38

Qu'est-ce qu'un fossile ?

- Un outil pour faire des fouilles ?
- Une très vieille pierre ?
- Le reste d'un être vivant transformé en pierre ?

Solution : page 10

Les fourmis noires d'Argentine…

- … cultivent des champignons?
- … élèvent des pucerons ?
- … produisent du miel ?

Solution : page 33

L'autruche…

- … peut courir jusqu'à 100 km/h ?
- … peut peser jusqu'à 156 kilos ?
- … peut voler ?

Solution : page 23

Quel oiseau a inspiré les inventeurs du deltaplane ?

- Le colibri ?
- Le fou de Bassan ?
- Le vautour ?

Solution : page 23

Chez lequel de ces animaux, est-ce le mâle qui incube les œufs ?

- Le thon ?
- L'hippocampe ?
- La baudroie ?

Solution : page 28

INDEX

CRÉDITS PHOTOGRAPHIQUES

11 EXPLORER/Mary Evans ; **15** bas Photodisc Inc ; **15** ht JACANA/Yoff ; **15** m JACANA/Lepore-Phr ; **17** Photodisc Inc ; **18** SUNSET/Lacz ; **19** bas SUNSET/Lacz ; **19**ht d BIOS/Harvey ; **19** ht g BIOS/Pons ; **19** m d SUNSET/Horizon Vision ; **19** m g BIOS/D. Huot ; **20** SUNSET/horizon Vision ; **24** bas d PHO.N.E./Ferrero-Labat ; **24** g BIOS/Ausloos ; **24** ht g BIOS/D. Huot ; **24** m d PHO.N.E./Ferrero-Labat ; **33** bas SUNSET/NHPA ; **33** bas m JACANA/Photo Researchers ; **33** ht SUNSET/NHPA ; **33** ht m BIOS/Heuclin ; **34** ht d SUNSET/Horizon vision ; **36** bas g BIOS/Visage-P.Arnold ; **38 et 45** COSMOS/SPL-Scharf

CRÉDITS DES ILLUSTRATEURS

Art Presse : 4-5 ; 10 ; 12 ; 24-25 ; 38-39
Denise Bazin : 4-5 ; 13-21 ; 25-27 ; 34-40 ; 42 ; 44-45
Christophe Blain : 42-43
Ludovic Debeurme : 17
Emmanuelle Étienne : 32-33 ; 36-37 ; 45
William Fraschini : 16-17 ; 24-25 ; 36-37
Philippe Gauckler : 3 ; couverture
Jean-Jacques Hatton : 1 ; couverture ; 18 ; 22-23 ; 35 ; 44-45
Emmanuel Kerner : couverture
Olivier Nadel : 1 ; couverture ; 10-12 ; 15-17 ; 26-31 ; 35 ; 39 ; 41; 44
Bruno Salamone : 10 ; 27 ; 41 ; 43
Michael Welply : couverture ; 1 ; 5-9 ; 14 ; 20-21 ; 40 ; 44
Anne Wilsdorf : 39

ARCHIVES LAROUSSE :
4 ; 13 ; 15 ; 16 ; 17 ; 19 ; 21 ; 26 ; 29 ; 34 ; 38 ; 45

Éric Alibert : 4
Blondel : 11
Paul Bontemps : couverture ; 1 ; 13 ; 15 ; 16 ; 19 ; 26 ; 37 ; 38 ; 45
Franck Bouttevin : 17 ; 38
Jacques Cartier : 14-15 ; 18 ; 23 ; 34 ; 38
Fabrice Dadoun : 18
Christian Godard : 17
Philippe Guinot : 32
Michel Janvier : 27
Emmanuel Mercier : 15 ; 27 ; 32 ; 38
Patrick Morin : couverture ; 1 ; 22 ; 28-29 ; 32
Jean-Marc Pariselle : 22 ; 18
Jean-Marie Poissenot : 12
François Poulain : 15 ; 23
Dominique Sablons : 23 ; 26
Michael Saeman : 16 ; 34
Tom Sam You : 15 ; 22 ; 32 ; 37
Jean-Claude Sénée : 38
Patrick Taëron : 22
Amélie Veaux : 12

ARCHIVES KINGFISHER :
22 ; 26-27

Conforme à la loi n° 49.956 du 16 juillet 1949 sur les publications destinées à la jeunesse.

Imprimé en Italie par Officine Grafiche De Agostini. - Dépôt legal : septembre 2003 - N° d'éditeur : 10100346